改訂 大乗の仏道

—仏教概要—

資料編

真宗大谷派
教師養成のための教科書編纂委員会

東本願寺出版

目次

まえがき

このたびの『改訂　大乗の仏道』では、できるだけ簡明な記述にしようと、経典などからの引用文は最小限に抑えられている。しかしそのためにかえって文意が理解しにくくなっている箇所もある。その不備を補うために、拠りどころとした原典の資料を集めて参考に供することにした。ここでは「第一部　釈尊と阿含経典」に対してと、第二部はじめの、ジャータカ物語、燃燈仏授記物語に限らざるをえなかった。初期大乗経典についても、原典資料の提供は必要であるが、いまはやむを得ず将来に期することにした。

ここに用意した資料集の大半は、パーリ律の「大品」からの翻訳である（他の律では「受戒揵度」の部に相当する）。律とは僧伽の規律のことであるが、生活の諸規定なども含まれている。それらの諸規定が必要になったのは、多くの仏弟子が生まれたからにほかならない。この「大品」は、仏陀釈尊の菩提樹における成道から、最初の説法によって五比丘が仏弟子となり、やがて舎利弗と目連が帰依することになるまでが、一連の物語として語られている。これはおそらく、もともとは、多くの仏弟子たちのために和尚制度などを始めとする生活の諸規定が必要となった理由を語るために用意されたものだったのではないかと思われる。しかしまたこの一連の物語には、釈尊の成道や最初の説法だけでなく、僧伽の成立とその発展が語られているし、また仏陀による教説を受けとめるために準備すべき心を語り示すエピソードや、あるいは教説の意味を示唆するかのようないくつかのエピソードが組みこまれて、伝えられている。これらのエピソードは、初期の仏教徒たちによって作られたものにちがいない。ここには、仏陀とその教説を仰ぐ、もっとも素朴な最初の姿が見出される。

釈尊の生涯と思想を語るとき、従来は、八相成道などの枠組みでその生涯を語るのが普通のことであった。しかし、この八相成道という枠組みで示される物語は、釈尊の過去の生涯の物語を背景にした最後の生涯の物語という位置と意義をもったものである。今日の私たちは、近代仏教学の成果を通して、この八相成道の物語は釈迦菩薩の成道物語であると理解しなければならない。そして、仏教の歴史において菩薩の思想がどのように現われたかを十分にふまえた上で、この物語を受けとめなおさなければならないのである。だから今日ではもはや、この物語をただ反復して伝えるだけでは不十分なのである。私たちは、どうしてそういう物語が生まれてきたのかをたずねなければならない。

そのためには、その物語を生みだす以前の仏教徒たちは、仏陀釈尊をどのように仰いでいたのかを明らかにしておく必要がある。したがって、一人の人ゴータマが仏陀になった直接の問題をたずね、仏陀の教説によってどのように仏弟子が生まれていき、その仏弟子たちがどのような信仰をもったのかということをたずねることが、最肝要なことと考えられる。そしてそれを伝え語るものが最初の釈尊観と呼ばれるにふさわしいであろう。

そのようなわけで、ここでは、パーリ律の「大品」を手がかりにしたのである。パーリ律の伝えるものが最も古いかたちであろうし、釈尊の成道から仏弟子たちの誕生にいたる物語が中核となって、後に次第に仏陀の生涯全体にわたる物語すなわち仏伝が形づくられていったと考えられている。したがってここには、最初期の仏教徒たちによって仰がれた仏陀釈尊の姿と、その仏陀釈尊に帰依した仏弟子たちの姿が伝えられている。そして種々のエピソードは、どのように教説を受けとめるべきかをも語り伝えている。これらを通して、初期の仏教徒たちによって語り伝えられた、最初の釈尊観や仏道観をうかがうことができるであろう。

そして、新たに現われてきた釈尊観をうかがうために、ジャータカ物語と燃燈仏授記物語、さらにキサーゴータミーの出家の物語をも、この資料集に付け加えた。それらがもつ意義は、それぞれのところで簡略に解説をすることにした。

（二〇一九年九月　編者　宮下晴輝）

資料の典拠について

(1)この資料編のほとんどは、パーリ語の律および経典から、編者（宮下）が翻訳したものである。パーリ語文献はすべてPali Text Society（PTS）版を用いた。各資料で、他の現代語訳がある場合は、比較参照できるように、その資料名を記すようにした。ただし任意的であって網羅したものではない。『南伝大蔵経』は「南伝」と略記した。

(2)資料編のNo. 11からNo. 30までが、パーリ律の「大品」に当たり、No. 28の三迦葉兄弟の教化の物語（ウルヴェーラーの神変）はあまりにも長いので要約したが、その他はほぼ全部を翻訳している。

(3)漢訳資料に拠った場合は、大正新脩大蔵経（「大正蔵」と略記）を用いたが、できるだけ常用漢字を用いて書き下し文を示した。読みやすさを優先して、総ルビに近いかたちにした。

(4)各資料について、どういう意味をもった資料であるかを、ごく簡略に解説した。それは『改訂　大乗の仏道』の記述を補うことにもなるであろう。

(5)資料No. 2（仏滅年代についての議論）とNo. 13（「法」の意味について）とは、『改訂　大乗の仏道』の補注である。

(6)資料の順序は、原則として、『改訂　大乗の仏道』の記述の順である。

1　四大聖地（大般涅槃経《だいはつねはんぎょう》　5・8）

アーナンダよ、ここに、信仰ある良家の子（注）にとって、見るに値し、心動かされる四つの場所がある。

四つとは何か。

「ここで如来《にょらい》が生まれた」という、アーナンダよ、信仰ある良家の子にとって、見るに値し、心動かされる場所がある。

「ここで如来が無上の正覚《しょうがく》に目覚《めざ》めた」という、アーナンダよ、信仰ある良家の子にとって、見るに値し、心動かされる場所がある。

「ここで如来が無上の法輪《ほうりん》を転じた」という、アーナンダよ、信仰ある良家の子にとって、見るに値し、心動かされる場所がある。

「ここで如来が無余依涅槃界《むよえねはんがい》をもって般涅槃《はつねはん》した」という、アーナンダよ、信仰ある良家の子にとって、見るに値し、心動かされる場所がある。

『長部経典16　大般涅槃経』（*Dīgha Nikāya* 16, *Mahāparinibbāna-suttanta* 5.8, vol. 2, p. 140）。
邦訳には、中村元訳『ブッダ最後の旅―大パリニッバーナ経―』（岩波文庫 p. 130）、南伝第七巻長部経典二「一六　大般涅槃経」（pp. 124-125）などがある。

——解説——

阿含経典《あごんきょうてん》の『大般涅槃経』は、仏陀釈尊《ぶつだしゃくそん》の最後の遊行《ゆぎょう》と入滅《にゅうめつ》を説く経典である。ここに引用した箇所は、釈尊がクシナガラの沙羅《さら》の木のもとに横たわり、侍者アーナンダの問いに答えるなかの一節である。「心動かされる」と訳した語（saṃvejanīya）は、「厭《いと》う心をおこす」という意味で用いられる。

ここに説かれる四つの場所は、四大聖地として仏教徒が巡礼する大事な聖地である。「聖地」とは、現代的な表現であるが、漢訳では「聖跡」といわれる。紀元前三世紀のアショーカ王は、すでにこれらの地を巡礼している。これらの地をたずね、仏陀釈尊を憶念し、仏道への心を涵養《かんよう》するのである。だから「心動かされる場所」（厭う心をおこす場所）と説かれている。

（注）「良家の子」は、**kula-putta** の訳である。漢訳経典は「善男子」と訳す。

2　仏滅年代についての議論

仏陀釈尊の入滅年については、大きく三つの考え方に分けて整理されている。それは、(a)長期年代説、(b)修正長期年代説、(c)短期年代説である。

(a)長期年代説とは、テーラヴァーダ（上座部《じょうざぶ》）仏教が伝わったスリランカ、ミャンマー、タイなどで現在も用いられているものであり、前五四四（あるいは五四三）年を仏滅年とする。

(b)修正長期年代説とは、アショーカ王の即位年（前二六八）が仏陀入滅後二一八年後のことであったというテーラヴァーダ仏教の伝承にもとづいて、前四八六年を仏滅年とするものである。この他に、やはりテーラヴァーダ仏教の伝承をくむ衆聖点《しゅしょうてん》記説《きせつ》が中国に伝わり、それによれば仏滅年が同じく前四八六年となる。

(c)短期年代説は、アショーカ王の即位年が仏陀入滅後一〇〇年ころであったという説一切有部の伝承にもとづいて、前三六八年ころを仏滅年とするものである。前三八三年を入滅年とするのは、アショーカ王即位年が入滅後一一六年目であったとして考えられたものである。

修正長期年代説がほぼ定説とされていたが、近年は、古代インドにおける都市の遺構をめぐって、仏陀の時代をアショーカ王の時代になるべく近づけて考えようとする意見が多い。しかし、短期年代説をとると、仏陀の入滅から五〇年ほどでマウリア朝が成立することになる。おそらくまだ議論はつづくだろうが、ここでは従来の修正長期年代説をとっておく。参考文献に、山崎元一『アショーカ王とその時代』（春秋社、一九八二）、同著「仏滅年の再検討—論争史の回顧とベヒェルト説批判」（『三康文化研究所年報』第三三巻、二〇〇二）がある。

3　六師外道の説

⑴プーラナ・カッサパ

大王（阿闍世王《あじゃせおう》）よ、行為する者、行為させる者、切断する者、切断させる者、痛めつける者、痛めつけさせる者、悲しませる者、悲しませるよう命ずる者、悩む者、悩ませる者、動揺する者、動揺させる者、いのちを害する者、与えられないものを取る者、家に押し入る者、略奪する者、窃盗《せっとう》をする者、村から離れた家を襲う者、追剝《おいはぎ》をする者、他人の妻と通ずる者、嘘をつく者、このような行為をする者に悪しきことがなされてはいません。たとえだれかが、剃刀《かみそり》のように鋭利なチャクラという武器で、この地上の生き物を、一つの肉の塊りにしたとしても、そのことで悪しきことはないし、悪しきことがやってくることもありません。またたとえ、ガンジス河の南の岸に行って、殺し、殺させ、切断し、切断させ、痛めつけ、痛めつけさせたとしても、そのことで悪しきことはないし、悪しきことがやってくることもありません。またたとえ、ガンジス河の北の岸に行って、布施をし、布施をさせ、祭祀《さいし》を行い、祭祀をさせたとしても、そのことで福徳はないし、福徳がやってくることもありません。布施によっても、調節によっても、制御によっても、真実の言葉によっても、福徳はないし、福徳がやってくることもありません。

尊師よ、このようにプーラナ・カッサパは、現世における沙門果を問われたとき、無行為を説きました。

(2)マッカリ・ゴーサーラ

大王よ、いのちあるものの汚れの原因も条件もありません。原因もなく、条件もなく、いのちあるものは汚れるのです。いのちあるものの浄化の原因も条件もありません。原因もなく、条件もなく、いのちあるものは浄化されるのです。

自己の行為のもとにあるのではないし、他者の行為のもとにあるのでもなく、人間の行為のもとにあるのでもない。力は存在せず、活力も存在せず、人間の能力や、人間の努力もありません。すべてのいのちあるもの、すべての生気あるもの、すべての存在するもの、すべての生きものは、自由ではなく、力なく、活力なく、運命と偶然と生まれながらの性質とによって変化し、六種類のなかで、苦と楽とを経験するのです。

主要な生まれ方には百四十万種類あり、また六千種、六百種があります。また行為には五百種あり、五種の行為、三種の行為、一つの行為、半分の行為があります。また六十二種の道があり、六十二種の中間劫、六種類の生まれ、八種の人間の段階、四千九百種の職業、四千九百種の遊行者、四千九百種の蛇の住みか、二千種の知覚機能、三千種の地獄、三十六種のごみの世界、七種の意識のある生き物、七種の意識のない生き物、七種の節のある生き物、七種の神々、七種の人間、七種の悪鬼、七種の湖、七種のパトゥヴァー、七百種のパトゥヴァー、七種の断崖、七百種の断崖、七種の夢、七百種の夢があります。

八百四十万の大劫の期間の間、愚者も賢者も、存続しつつ、流転《るてん》（輪回《りんね》）したのちに、苦を消滅することになります。

その場合、「私は、この徳性をもって、あるいは誓いをもって、あるいは苦行をもって、あるいは梵行をもって、いまだ熟して結果を与えていない行為を完全に熟させ、すでに熟した行為を繰り返し経験して消滅させよう」ということはないのです。

そのようなことはありえないのです。楽と苦とは、秤《はかり》ではかられたようであり、流転は限られており、増加も減少も、誉めることも貶《けな》すこともありません。

それはたとえば、巻《ま》き糸のたまがころがされたとき、解《ほど》けおわるまでころがっていくように、それと同じように、愚者も賢者も、存続しつつ、流転しおわったのちに、苦を消滅することになるのです、と。

尊師よ、このようにマッカリ・ゴーサーラは、現世における沙門果を問われたとき、流転の後の浄化を説きました。

(3)アジタ・ケーサカンバリン

大王よ、布施とか祭祀とか供物とかはなく、善行悪行の結果や報いというものもありません。この世もなく、あの世もありません。母もなく、父もなく、化生《けしょう》する生きものもないのです。また、この世で、正しく行い、正しく実践し、この世とあの世を自ら知り、直証して、説き示すという、沙門やブラーフマナは存在しないのです。

この人間は、四つの要素からなっています。人がいのち終えるときに、地は地の集合に入り帰って行き、水は水の集合に入り帰って行き、火は火の集合に入り帰って行き、風は風の集合に入り帰って行き、知覚機能は虚空《こくう》に移り行くのです。

担架《たんか》をかついだ四人の人が死体を運んで、火葬場につくまで、弔《とむらい》の言葉が唱えられます。灰色の骨が残るだけで、供え物は灰となります。布施とは愚かなものの教えです。ある者たちはこの要素以外の存在を説きますが、それは空虚な偽りの戯言《ざれごと》です。愚かな人であろうと賢い人であろうと、身体が崩壊すれば、断絶し消滅するのです。死後に存続することはありません。

尊師よ、このようにアジタ・ケーサカンバリンは、現世における沙門果を問われたとき、断絶を説きました。

(4)パクダ・カッチャーヤナ

大王よ、この七つの集合体は、作られたものでなく、作られるようなものではなく、創造されたものではなく、創造者はなく、なにものも生みださず、山のように動かず、柱のようにしっかりとしています。それらは、動かず、変化せず、互いに害をなさず、互いを楽としたり、苦としたり、楽であり苦であるとするようなことはありません。

七つとは何か。地の集合体、水の集合体、火の集合体、風の集合体、楽、苦、七番目が生命です。これらの七つの集合体は、作られず、作られるようなものではなく、創造されたものではなく、創造者はなく、なにものも生みださず、山のように動かず、柱のようにしっかりとしています。それらは、動かず、変化せず、互いに害をなさず、互いを楽としたり、苦としたり、楽であり苦であるとするようなことはありません。

その場合、殺す者はなく、害する者もなく、聞く者もなく、話す者もなく、認識する者もなく、認識させる者もありません。

だれかが鋭利な刀で頭を断ち切ったとしても、だれもどんな生命をも奪ってはいません。ただ刀が七つの集合体の間の隙間《すきま》を通ったにすぎないのです、と。

尊師よ、このようにパクダ・カッチャーヤナは、現世における沙門果を問われたとき、まったく別のことを説きました。

(5)ニガンタ・ナータプッタ

大王よ、この世において、ニガンタは、四つの制御をもって制御しています。大王よ、どのように、ニガンタは、四つの制御をもって制御しているのか。大王よ、この世において、ニガンタは、すべての制御をもって制御し、すべての制御をそなえ、すべての制御によって取り除き、すべての制御によって満ちています。

大王よ、このようにニガンタは、四つの制御をもって制御しています。大王よ、このようにニガンタは、四つの制御をもって制御しているがゆえに、大王よ、このように言われているのです。ニガンタは到達した者であり、制御した者であり、確立した者である、と。

尊師よ、このようにニガンタ・ナータプッタは、現世における沙門果を問われたとき、四つの制御を説きました。

(6)サンジャヤ・ベーラッティプッタ

もしあなたが「あの世はあるか」と私に問い、もし私が「あの世はある」と考えているならば、「あの世はある」と私はあなたに答えるでしょう。このように私が考えているのではありません。そうだと私は考えているのではないし、それと違ったふうに私は考えているのでもありません。そうでないと私は考えているのでもないし、そうでないのでもないと私は考えているのでもありません。

もしあなたが「あの世はないのか」と私に問い、もし私が「あの世はない」と考えているならば、「あの世はない」と私はあなたに答えるでしょう。このように私が考えているのではありません。そうだと私は考えているのではないし、それと違ったふうに私は考えているのでもありません。そうでないと私は考えているのでもないし、そうでないのでもないと私は考えているのでもありません。

もしあなたが「あの世はありかつないのか」と私に問い、もし私が「あの世はありかつない」と考えているならば、「あの世はありかつない」と私はあなたに答えるでしょう。このように私が考えているのではありません。そうだと私は考えているのではないし、それと違ったふうに私は考えているのでもありません。そうでないと私は考えているのでもないし、そうでないのでもないと私は考えているのでもありません。

もしあなたが「あの世はあるのでもなくないのでもないのか」と私に問い、もし私が「あの世はあるのでもなくないのでもない」と考えているならば、「あの世はあるのでもなくないのでもない」と私はあなたに答えるでしょう。このように私が考えているのではありません。そうだと私は考えているのではないし、それと違ったふうに私は考えているのでもありません。そうでないと私は考えているのでもないし、そうでないのでもないと私は考えているのでもありません。

もしあなたが「化生《けしょう》の生きものはあるか」と私に問い、もし私が「化生の生きものはある」と考えているならば、「化生の生きものはある」と私はあなたに答えるでしょう。このように私が考えているのではありません。そうだと私は考えているのではないし、それと違ったふうに私は考えているのでもありません。そうでないと私は考えているのでもないし、そうでないのでもないと私は考えているのでもありません。

もしあなたが「化生の生きものはないのか」と私に問い、もし私が「化生の生きものはない」と考えているならば、「化生の生きものはない」と私はあなたに答えるでしょう。このように私が考えているのではありません。そうだと私は考えているのではないし、それと違ったふうに私は考えているのでもありません。そうでないと私は考えているのでもないし、そうでないのでもないと私は考えているのでもありません。

もしあなたが「善き行為悪しき行為の結果や報いがあるか」と私に問い、もし私が「善き行為悪しき行為の結果や報いがある」と考えているならば、「善き行為悪しき行為の結果や報いがある」と私はあなたに答えるでしょう。このように私が考えているのではありません。そうだと私は考えているのではないし、それと違ったふうに私は考えているのでもありません。そうでないと私は考えているのでもないし、そうでないのでもないと私は考えているのでもありません。

尊師よ、このようにサンジャヤ・ベーラッティプッタは、現世における沙門果を問われたとき、ごまかしを説きました。

『長部経典2　沙門《しゃもん》果《か》経《きょう》』（*Dīgha Nikāya 2, Sāmaññaphala-sutta,* vol. 1, pp. 47-86）。

邦訳には、森祖道訳「修行の成果」（『原始仏典』第一巻、長部経典Ⅰ、春秋社、pp. 65-76）、南伝第六巻長部経典一「二　沙門果経」（pp. 80-89）などがある。

――解説――

六師外道の説は、阿含経のなかの「沙門果経」に伝えられている。父王を殺したことで苦悩する阿闍世王に、大臣たちがそれぞれすぐれた沙門である六師を紹介し、王が訪れ尋ねるというかたちをとって、語られている。ここに訳したのは、六師の主張とされる部分に限った。

この経の最後には、阿闍世が仏陀釈尊に出会って救われることが説かれている。同様な伝承を伝えるものに大乗経典の『大般涅槃経』がある。親鸞聖人は『教行信証』「信巻」に、その多くを引用し、六師の名をも挙げている（真宗聖典　第二版294頁）。

4　天上天下唯我独尊《てんじょうてんげゆいがどくそん》

菩薩《ぼさつ》は生まれ已《お》わりて、扶《たす》けあらずして行き、四方に各《おのおの》七歩し、自《みずか》ら言いて曰《いわ》く、「天上天下、唯だ我のみ独《ひと》り尊し。今これよりさきは、生分已《しょうぶんすで》に尽《つ》きん」と。足の踏《ふ》むところにしたがいて大蓮花を出《い》だして、二龍の踊出《ゆしゅつ》し、虚空《こくう》中に住し、各《おのおの》水を吐《は》き、一は冷《れい》、一は煖《なん》、以《もっ》て太子を浴《ゆあみ》す。

『大唐西域記《だいとうさいいきき》』（大正蔵51, 902a26-b1）

——解説——

「天上天下唯我独尊」というこの語句の初出は、玄奘《げんじょう》の『大唐西域記』（六四五年）であろうか。カピラヴァストゥ国（劫比羅伐窣堵国）のところに出る（大正蔵51, 902a）。義浄《ぎじょう》訳の『根本説一切有部毘奈耶雑事』（七一〇年訳出）にもある（大正蔵24, 298a）。仏伝では、支謙《しけん》訳『仏説太子瑞応本起経』（二二二–二二八年訳出）や『修行本起経』（晋代の訳出か）に「天上天下唯我為尊」（天上天下において唯だ我れのみ尊とならん）とある。求那跋陀羅《ぐなばつだら》訳の『過去現在因果経』（四三五–四六八年ころの訳出）は「我於一切天人之中最尊最勝」（我は一切の天人の中において最勝最尊とならん）であり、闍那崛多《じゃなぐった》の『仏本行集経』（五八七–五九二年の訳出）は「一切世間、唯我独尊、唯我最勝」（一切世間において、唯だ我れのみ独り尊く、唯だ我れのみ最勝ならん）である。『無量寿経』（藤田宏達によれば四二一年訳出）には「吾当於世、為無上尊」（吾れまさに世において無上尊となるべし）とある（真宗聖典 第二版3頁）。

パーリ語経典では、『譬喩経』（長部経典14）に、過去七仏のヴィパッシン仏の成道物語に託して、菩薩の常法として説かれている。仏伝の物語が出そろった後で編集されたものであろう。また『希有未曾有法経』（中部経典123）も同様である。

> 比丘たちよ、このような常法がある。菩薩は、生まれるやいなや、平らな足でしっかりと立ち、北に向かって、七歩を歩み行き、白い傘蓋《さんがい》をかざされて、あらゆる方角を見て、堂々とした声で言う。「私は世間の最上の者である。私は世間の最高の者である。私は世間の最勝の者である。この生涯が最後で

あり、いまや後有はない」と。これがこの場合の常法である。

Dīgha Nikāya 14, *Mahāpadāna-suttanta*, I.29, vol. 2, p. 15;
Majjhima Nikāya 123, *Acchariyabbhuta-dhamma-sutta*, vol. 3, p. 123.

サンスクリット語による有部律がある。その「破僧事《はそうじ》」にも仏伝の物語が伝えられている。

常法がある。菩薩は、生まれるやいなや、七歩歩みだし、誰にも抱きかかえられず、四方を見て、声を挙げて言う。「これは東方（pūrvā）である。私は涅槃への先導者（pūrvaṃgama）となろう。これは南方（dakṣiṇā）である。私はあらゆる人びとにとって供養に値する者（dakṣiṇīya）となろう。これは西方（paścimā）である。私には最後の生涯（paścimaṃ janma）となろう。これは北方（uttarā）である。私は境涯の流転を越え渡ろう（uttariṣyāmi）」と。

Sarvāstivāda-vinaya, Saṅghabhedavastu, I, p. 45;『根本説一切有部毘奈耶破僧事』大正蔵24, 108a.

5 四門出遊《しもんしゅつゆう》

(1) 出城東門

要略
太子は、宮中の女たちが園林の美しく清らかなることを歌うのを聞いて、遊観《ゆうかん》しようと思い、王に願いでた。王はそれを許して、園林やそこにいたる道をきれいにさせ、準備した。

その時、太子、諸《もろもろ》の官属《かんぞく》に前後に導従《どうじゅう》されて、城の東門より出《い》づ。国中《こくちゅう》の人民《にんみん》、太子の出づるを聞き、男女路《なんにょみち》に盈《み》ち、観《み》るもの雲のごとし。時に、浄居天《じょうごてん》、化《け》して老人と作《な》る。頭白《かしらしろ》く背傴《せくぐま》り、杖《つえ》に拄《ささ》えられて羸歩《るいほ》（よわよわとからまりあるく）す。

太子、すなわち従者《じゅうしゃ》に問うていわく「これは何人とかなす」と。従者答えていわく「これは老人なり」と。太子、また問う「何をかいって老となす」と。答えていわく「この人、昔日《しゃくにち》はかつて嬰《よう》兒《に》、童子《どうじ》、少年《しょうねん》を経《へ》たり。遷《うつ》り謝《さ》りて住《とど》まらず。遂《つい》に根《こん》の熟《じゅく》するにいたりて、形変《かたちへん》じて色衰《いろおとろ》え、飲《おん》食消《じきしょう》せず、気力《きりき》は虚微《こみ》、坐起《ざき》に苦しみ極《きわ》まり、余命幾《よみょういくば》くもなし。故にいって老となす」と。太子、また問う「ただこの人のみ老なりや、一切皆《み》なしかりや」と。従者答えていわく「一切皆な悉《ことごと》くまさにこのごとくなるべし」と。

その時、太子、この語を聞きおわりて、大苦悩を生じて、自ら念言《ねんごん》す「日月《にちがつ》流れ邁《ゆ》き、時変《ときかわ》り歳移《としうつ》り、老のいたること電《いなずま》のごとし。身安《みいづく》んぞ恃《たの》むに足《た》らん。我れ富貴《ふうき》といえども、あに独《ひと》り免《まぬか》れんや。云何《いかん》ぞ、世《よ》の人、しかも怖畏《ふい》せざる」と。太子、本《もと》より以来《このかた》、世《よ》に処《しょ》するを楽しまず。またこのことを聞きて、ますます厭離《おんり》（「えんり」とも読む）を生じ、すなわち車を迴《めぐ》して還《か》えり、愁《うれ》い思《おも》い楽しまず。

時に、王、聞きおわりて、心《こころ》に煎憂《せんう》を懐《いだ》き、かれの道を学せんことを恐れ、さらに妓女《ぎにょ》を増《ふや》し、もってこれを娯楽《ごらく》せしむ。

(2)出城南門

その時、太子、また少時《しょうじ》を経《へ》て、王に出遊《しゅつゆう》せんことを啓《もう》す。

要略
王は、それを聞いて心配し、大臣たちと相談して、さらに道をきれいにして、きたないものや、老人病人が道の傍らにいないように命じて、南の門から出るように準備した。

その時、太子、百官導従《ひゃっかんどうじゅう》して、城の南門を出《い》づ。時に、浄居天《じょうごてん》、化《け》して病人と作《な》る。身瘦《みや》せ腹《はら》大きく、息《いき》を喘《あえ》ぎ呻吟《しんごん》し、骨消《ほねき》え肉竭《にくつ》き、顔貌《げんみょう》痿黄《いおう》（かおかたちがしぼみきいばみ）にして、挙身戦《こしんおのの》き掉《ふる》え、自《みずか》ら持《じ》すること能《あた》わず、両人腋《りょうにんわき》を扶《かか》えて、路側《ろそく》に在《あ》り。

太子、すなわち問う「これは何人とかなす」と。従者答えていわく「これは病人なり」と。太子、また問う「何をかいって病《やまい》となす」と。答えていわく「それ病というは、皆な嗜欲《しょくよく》に由《よ》る。飲食度《おんじきど》なければ、四大調《しだいととの》わず、転変《てんぺん》して病を成《じょう》じ、百節《ひゃくせつ》に苦痛あり、気力虚微《きりきこみ》にして、飲食寡少《おんじきかしょう》、眠臥安《めんがやす》からず、身手《しんしゅ》ありといえども、自《みずか》ら運《はこ》ぶこと能《あた》わず、要《かなら》ず他の力を仮《か》りて、しかる後《のち》に坐起《ざき》す」と。

その時、太子、慈悲心《じひしん》をもって、彼《か》の病人を看《み》、自《みずか》ら愁憂《しゅうう》を生じ、また問うていわく「この人独《ひと》りのみしかるや。余《よ》の皆《み》なしかるや」と。答えていわく「一切の人民《にんみん》、貴賤《きせん》あることなく、同じくこの病あり」と。

太子、聞きおわりて、心に自《みずか》ら念言《ねんごん》す「かくのごときの病苦、普《あまね》くまさにこれに嬰《かか》るべし。云何《いかん》ぞ世《よ》の人、楽《らく》に耽《ふけ》りて畏《おそ》れざる」と。この念《ねん》を作《な》しおわり、深く恐怖《きょうふ》を生じて、身心《しんじん》の戦動《せんどう》すること、譬《たと》えば月影《がつよう》の波浪《はろう》の水に現ずるがごとし。従者に語りていわく「かくのごとき身は、これ大苦の聚《じゅ》なり。世の人、中において、横《ほしいまま》に歓楽《かんらく》を生じ、愚癡無識《ぐちむしき》にして、覚悟《かくご》するを知らず。今、云何《いかん》ぞ、彼の園《おん》に往《ゆ》きて、遊観嬉戯《ゆかんきげ》せんと欲《ほっ》する」と。すなわち車を迴《めぐら》し、還《かえ》って王宮《おうぐう》に入《い》り、坐《ざ》して自《みずか》ら思惟《しゆい》し、愁憂《しゅうう》して楽しまず。

要略

王は、太子が園林を楽しんだのかどうかを従者にたずねた。従者は、病人に出会って、園林を楽しむことなく帰ってきたと報告する。王は、大いに心配して、大臣たちにどうしてこんなことになったのかをたずねたが、大臣たちは、どこから病人がやってきたのかを誰も知らないと答える。王は、ますます心配になり、女たちをさらに増やして、太子をよろこばせて、愛着の心を生じさせようとした。
優陀夷《うだい》というブラーフマナの青年に、太子の友人となって、世間の楽しみを説いて出家を思いとどまらせるように命じる。そこで優陀夷は、太子に随従してそのそばを離れないようにした。

(3)出城西門

その時、太子、また少時を経て、王に出遊せんことを啓《もう》す。

要略
王は、優陀夷が同行することを思い出遊を許し、大臣たちと相談して、道路をなおしきれいにして、道に老人病人やきたないものがないようにするよう厳命した。そして優陀夷には、もしも不祥事があれば、工夫して太子の心をよろこばしてほしいと頼み、園林には美しい女たちを送った。

その時、太子、優陀夷《うだい》と百官導従《ひゃっかんどうじゅう》し、焼香散花《しょうこうさんげ》して、衆《もろもろ》の伎楽《ぎがく》を作《な》し、城の西門を出づ。時に浄居天《じょうごてん》、心に自《みずか》ら念言《ねんごん》す「先《さき》に老病を二の城門において現《げん》じ、衆《しゅ》を挙《あ》げて皆な見たれば、白浄王《びゃくじょうおう》をして、従者ならびに外司《げし》を瞋責《しんしゃく》せしむ。太子の今出《い》づるは、王制《おうせい》にして厳峻《ごんしゅん》（おごそかできびしい）なり。我れ今、死を現じて、若し皆な見れば、王の忿怒《ふんぬ》を増《ま》し、必ず罰戮《ばつりく》を加《くわ》えること狂《ほしいまま》にして無《む》辜《こ》に及《およ》ばん。我れ、今日においては、現ずるところの事、ただ太子および優陀夷の二人において見せしめんのみ。余《よ》の官属《かんぞく》をして責《せめ》を受けざらしめん」と。この念を作しおわりて、すなわち来《きた》り下《くだ》り、化《け》して死人《しにん》となる。四人が輿《よ》（こし）を挙《あ》げ、諸《もろもろ》の香華《こうげ》をもって、屍上《しじょう》に布散《ふさん》し、室家《しつけ》の大小《だいしょう》、号《ごう》哭《こく》してこれを送《おく》る。

その時、太子、優陀夷と二人のみ独《ひと》り見る。太子、問うていわく「これは何物とかなす。花香《けこう》をもって、その上を荘飾《しょうじき》し、また人衆《にんしゅ》有りて、号哭《ごうこく》して相《あ》い送《おく》るや」と。時に、優陀夷、王勅《おうちょく》をもっての故に、黙然《もくねん》として答えず。かくのごとく三たび問う。浄居天《じょうごてん》の王、威神《いじん》の力をもて、優陀夷をして覚《おぼ》えず答えていわしむ「これ死人なり」と。太子、また問う「何をかいって死となすや」と。優陀夷、いわく「それ死というは、刀風《とうふう》の形《かたち》を解《と》いて、神識《しんしき》去《さ》り、四体諸根《したいしょこん》、また知るところなし。この人、世《よ》に在《あ》りて、五欲《ごよく》に貪著《とんじゃく》し、銭財《せんざい》を愛惜《あいじゃく》し、辛苦《しんく》して経営《けいえい》し、ただ積聚《しゃくじゅう》するを知るのみにして、無常《むじょう》を識《し》らず。今、一旦《いったん》、これを捨てて死す。また父母親戚眷属《ぶもしんせきけんぞく》のために愛念《あいねん》せらるるも、命終《みょうじゅう》の後は、猶《なお》し草木《そうもく》のごとく、恩情好悪《おんじょうこうお》、また相《あ》い関《かん》せず。かくのごとく死は、誠《まこと》に哀《あわ》れむべきなり」と。太子、聞きおわりて、心大《おお》いに戦《おのの》き怖《おそ》れ、また優陀夷に問うていわく「ただこの人のみ死すや、余《よ》もまたまさにしかるべしや」と。すなわちまた答えていわく「一切の世《よ》の人《ひと》、皆なまさにかくのごとくなるべし。貴も賤《せん》も免脱《めんだつ》を得《う》ることあることなし」と。

太子、素性《そしょう》（もとのせいしつ）は恬静《てんじょう》（おちつきしずか）にして動《どう》じ難《がた》きも、すでにこの語を聞きて、自《みずか》ら安《やす》んずる能《あた》わず、すなわち微声《みしょう》（かすかなこえ）をもって、優陀夷に語る「世間《せけん》、すなわちまたこの死苦有《し く》るに、云何《いかん》ぞ中においてて放逸《ほういつ》を行《ぎょう》じ、心木石《こころもくしゃく》のごとくに怖畏《ふい》を知らざる」と。すなわち御者《ぎょしゃ》に勅《ちょく》す「車を廻《めぐ》らして還《かえ》るべし」と。御者答えていわく「前に二門を出《い》でて、未《いま》だ園所《おんじょ》に到《いた》らず。中路《ちゅうろ》にして反《かえ》り、大王をして深く瞋責《しんしゃく》せられしむにいたれり。今、あに敢《あえ》てまたかくのごとくせんや」と。時に優陀夷、御者に語りていわく「汝が所説《しょせつ》のごとし。まさにすなわち帰るべからず」と。すなわちまた前に行きて、彼《か》の園中《おんちゅう》に至《いた》る。

香華幡蓋《こうげばんがい》あり、衆《もろもろ》の伎楽《ぎがく》を作《な》し、衆《もろもろ》の妓端正《ぎたんじょう》なること猶《なお》し諸天の婇女《さいにょ》のごとく異ることなし。太子の前において、各《おのおのきそ》競って歌舞《かぶ》し、恣態《したい》をもって、その意《い》を悦《よろこ》ばし動《うご》かさんを冀《こいねが》う。太子の心、安《やす》んじて移転《いてん》するべからず。すなわち園中《おんちゅう》に止《とど》まり、樹間《じゅけん》に蔭息《おんそく》し、その侍衛《じえい》を除きて、端坐思惟《たんざしゆい》し、昔、かつて、閻浮樹下《えんぶじゅげ》に在《あ》りて、欲界《よくかい》を遠離《おんり》し、乃至《ないし》、第四禅定《ぜんじょう》を得たることを憶《おも》う。

要略

そこで優陀夷は、友人として、太子を説得しようとする。どんな王も、国を捨てて道を学んだものはおらず、みな五欲を受け、その後に出家している。太子もそのように五欲を受けて、子息をもうけるべきである、と。

太子はそれに答える。確かにあなたのいうとおりである。しかし私は国を捨てたいがために道を学ぶのではないし、五欲に楽しみがないというのでもない。老病の苦、生死の苦をおそれるが故に、五欲にことさら愛着しないのである。あなたは、昔の王たちは五欲の楽を受けて出家したと言ったが、ではその王たちはいまどうなっているのか。愛欲の故に、あるものは地獄に、あるものは餓鬼に、あるものは畜生に、あるものは人天にいる。このような輪転の苦しみがあるから、だから私は、老病の苦、生死の法を離れようと欲しているにほかならない。あなたは、いま、いったいどうしてこの私に五欲を受けさせようとするのか、と。

時に優陀夷、才弁《さいべん》を竭《つ》くして太子に勧奨《かんしょう》すといえども、迴《かえ》らしむこと能《あた》わず。すなわち退坐《たいざ》して、所止《しょし》に帰《かえ》る。太子、よって勅《ちょく》して駕《が》（のりもの）を厳《いま》しめ（用意させて）宮《みや》に還《かえ》る。諸《もろもろ》の妓女《ぎにょ》の衆《しゅ》、および優陀夷、愁憂惨慼《しゅううさんしゃく》（いたみうれえる）し、顔貌顰蹙《げんみょうひんしゅく》（しかめちぢむ）すること、人の新《あら》たに所《しょ》愛《あい》の親属《しんぞく》を喪《うしな》うごとし。太子、宮《ぐう》に到《いた》りて、惻愴《しきそう》（いたみかなしみ）常《つね》に倍《ばい》す。

要略

王は、太子が園林を楽しんだかどうかと、優陀夷にたずねる。優陀夷は、死人に会ったことを告げる。王は、大いに苦悩して、女たちをさらに増やして太子をよろこばせようとする。

⑷出城北門

この時、太子、王に出遊《しゅつゆう》せんことを啓《もう》す。王、違《たが》うに忍《しの》びず、すなわち優陀夷《うだい》とおよび余《よ》の官属《かんぞく》と、前後導従《ぜんごどうじゅう》して、城《しろ》の北門《ほくもん》を出《い》でて、彼《か》の園所《おんじょ》に到《いた》る。太子、下馬《げば》して樹《じゅ》に止息《しそく》し、侍衛《じえい》を除去《じょこ》して、端坐思惟《たんざしゆい》し、世間《せけん》の老病死苦を念《ねん》ず。

時に、浄居天《じょうごてん》、化《け》して比丘《びく》と作《な》り、法服《ほうふく》にして鉢《はち》を持《も》ち、手《て》に錫杖《しゃくじょう》を執《と》り、地《ち》を視《み》つつ行《ゆ》きて、太子の前《まえ》に在《あ》り。太子、見おわりて、すなわち問うていわく「汝、これ何人ぞ」と。比丘、答えていわく「我れ、これ比丘なり」と。太子、また問う「何をか比丘という」と。答えていわく「能《よ》く結賊《けつぞく》（煩悩という賊）を破《やぶ》り、後身《ごしん》（後の境涯）を受《う》けず。故《かるがゆえ》に比丘という。世間《せけん》は皆《み》な悉《ことごと》く無常《むじょう》にして危脆《きぜい》（あやうくもろい）なり。我《わ》が修学《しゅがく》するところは、無漏《むろ》（煩悩をはなれた）の聖道《しょうどう》なり。色声香味《しきしょうこうみ》触法《そくほう》に著《じゃく》せず、永《なが》く無為《むい》を得《え》て、解脱《げだつ》の岸《きし》に到《いた》るなり」と。この言《ごん》を作《な》しおわりて、太子の前において、神通力《じんつうりき》を現《げん》じて、虚《こ》（おおぞら）に騰《のぼ》りて去《さ》る。まさにその時に、諸従官属《しょじゅうかんぞく》、皆《み》な悉《ことごと》く覩見《とけん》す。

太子、すでにこの比丘《びく》を見《み》、また広《ひろ》く出家《しゅっけ》の功徳《くどく》を説《と》くを聞《き》きて、その宿懐厭欲《しゅくかいえんよく》の情《じょう》に会《え》し、すなわち自《みずか》ら唱《とな》えていわく「善哉《よいかな》、善哉《よいかな》、天人《てんにん》の中、ただこれのみを勝《しょう》となす。我《わ》れまさに決定《けつじょう》してこの道《みち》を修学《しゅがく》すべし」と。この語《ご》を作《な》しおわりて、すなわち馬《うま》を索《もと》めて宮城《くじょう》に還帰《げんき》す。

時に、太子、心《こころ》に欣慶《ごんきょう》を生《しょう》じて、自《みずか》ら念言《ねんごん》す「我《わ》れ、先《さき》に老病死苦有《ろうびょうしくあ》るを見《み》て、昼夜常《ちゅうやつね》にこれがために逼《せま》らるるを恐《おそ》れり。今《いま》、比丘《びく》に見《まみ》え、我《わ》が情《じょう》を開悟《かいご》し、解脱《げだつ》の路《みち》を示《しめ》す」と。この念《ねん》を作《な》しおわりて、すなわち自《みずか》ら方便《ほうべん》を思惟《しゆい》し、出家《しゅっけ》の因縁《いんねん》を求覓《もと》む。

要略

王は、太子が園林を楽しんだかどうかと、優陀夷にたずねる。優陀夷は、途中に不祥のことなく園林にいたったということ、そして太子が樹下に独り坐っていたとき、鬚髪《しゅほつ》を剃り袈裟《けさ》をつけた人がやってきて、共に語り合っていた。そしてそれから帰ってきた。その時は、喜びに満ちた顔であったが、宮中で憂いをいだいていると、答える。王は、疑い悩み、耶輸陀羅《やしゅだら》に、太子のそばを離れないよう命じ、また美しい女たちを増やして太子を楽しませようとした。

『過去現在因果経』（求那跋陀羅訳、四四四-四五三年の間に訳出。大正蔵3, 629c7-632a14）

――解説――

四門出遊は、四門遊観ともいう。釈尊の出家の動機を物語る挿話である。これは仏伝資料であるが、老病死の苦しみを見た釈尊の姿を克明に描いていて、私たちの学びにとってなくてはならないものである。しかし、ごく簡略な解説ですまされることが多く、物語全体に直接ふれることが難しいので、最もよく読まれた仏伝をとりあげて、ここに引用することにした。仏伝中の釈尊の物語は、過去の生涯の物語が背景にあるので、浄居天が登場して釈尊に出家を促すという構成となっている。

パーリ語経典の中の長部経典14『譬喩経』には、過去七仏のなかのヴィパッシン仏の成道物語が伝えられている。そこでは、ヴィパッシン王子が、老人、病人、死人、出家者に出会ったとして、他の仏伝と基本を同じくするが、四つの城門や、浄居天などについては語られていない。説一切有部の伝える律の中の『根本説一切有部毘奈耶破僧事』(*Saṅghabhedavastu*, vol. 1, pp. 65-75)は、菩薩の常法というものがあるとして、シャキャムニ菩薩の物語となっているが、パーリ語の『譬喩経』と同じく四つの城門については語らない。ただし最後の出家者だけは浄居天が化作したものとしている。

漢訳で伝えられる仏伝は、簡略なものもあれば詳細なものもあり、例えば優陀夷の登場の位置の異なりなどの相違点があるにしても、ここに取りあげた『過去現在因果経』とほぼ同様の構成となっている。

6 『柔軟経《にゅうなんきょう》』(増支部経典 3・38)

比丘たちよ、わたしは優雅であり、とても優雅であり、このうえなく優雅だった。比丘たちよ、わたしの父の邸《やしき》には蓮池が設けられていて、一つには青い蓮が花咲き、一つには紅い蓮が花咲き、一つには白い蓮が花咲いていた。そしてそれはただわたしのためのものだった。比丘たちよ、わたしはカーシー産の栴檀香《せんだんこう》以外は用いなかった。比丘たちよ、わたしのターバンはカーシー産だったし、ジャケットも下着も上着もカーシー産だった。比丘たちよ、さらにわたしのために、昼夜とも白い傘蓋《さんがい》がかざされていた。寒さ、暑さ、塵、草、露がわたしに触れないように。

比丘たちよ、そのわたしに三つの宮殿があった。一つは冬の、一つは夏の、一つは雨季のために。

比丘たちよ、わたしは雨季の宮殿で雨季の四ヶ月、女たちだけの伎楽にとりまかれて、宮殿を下りなかった。比丘たちよ、さらに、他の人々の邸では下僕や使用人や召使の食事に酸っぱい粉米の粥《かゆ》をだすが、比丘たちよ、わたしの父の邸では下僕や使用人や召使にご飯と肉の乳粥を与えていた。

比丘たちよ、このように裕福で、このようにこのうえなく優雅であったわたしに、つぎのような思いが起こった。

「教えを聞いたことのない人（無聞《むもん》の凡夫《ぼんぷ》）は、自ら老いるべきものであり老いを免《まぬか》れていないのに、自分自身のことを忘れて、老いた他人を見ては困惑し、恥じ、嫌悪する。わたしもまた、老いるべきものであり老いを免れていない。そのわたし自身も、老いるべきものであり老いを免れていないのに、老いた他人を見れば、困惑し、恥じ、嫌悪するであろう。これはわたしにはふさわしくない」と。

比丘たちよ、このようにわたしが省察したときに、青春にたいする青春の憍逸《きょういつ》がことごとく消え失せた。

「教えを聞いたことのない人は、自ら病むべきものであり病いを免れていないのに、自分自身のことを忘れて、病んだ他人を見ては困惑し、恥じ、嫌悪する。わたしもまた、病むべきものであり病いを免れていない。そのわたし自身も、病むべきものであり病いを免れていないのに、病んだ他人を見れば、困惑し、恥じ、嫌悪するであろう。これはわたしにはふさわしくない」と。

比丘たちよ、このようにわたしが省察したときに、健康にたいする健康の憍逸がことごとく消え失せた。

「教えを聞いたことのない人は、自ら死すべきものであり死を免れていないのに、自分自身のことを忘れて、死んだ他人を見ては困惑し、恥じ、嫌悪する。わたしもまた、死すべきものであり死を免れていない。そのわたし自身も、死すべきものであり死を免れていないのに、死んだ他人を見れば、困惑し、恥じ、嫌悪するであろう。これはわたしにはふさわしくない」と。

比丘たちよ、このようにわたしが省察したときに、生《せい》にたいする生の憍逸がことごとく消え失せた。

『増支部経典3・38　柔軟経』(*Aṅguttara Nikāya 3.38, Sukhumāla*, vol. 1, p. 145)

――解説――

釈尊の教説の中には、老病死の苦を見たことが出家の動機になったと説かれているものはない。ただし、先の解説で言及した長部経典14『譬喩経』には、過去七仏のなかのヴィパッシン仏のこととして四門出遊の物語が説かれている。おそらく四門出遊の物語が整ってから後に釈尊の教説という形で経中に取り入れられたものであろう。

ここに取りあげた『柔軟経』は、青年時代に老病死がどのように問題になったかを、釈尊自身が説いている唯一のものである。

7 『仏本行集経』が説く四門出遊

(1)その時太子は、宮中に滞在して、欲望の対象をことごとく満たし、楽しみ、遊び戯《たわむ》れた。

『仏本行集経』出逢老人品第十六、大正蔵3, 720c29-721a1.

(2)このような次第で、太子は宮中に滞在しているときは、ことごとくの欲望の対象と効果を十分に受けて、昼夜絶えることがなかった。

『仏本行集経』道見病人品第十八、大正蔵3, 723a2-3.

(3)このような次第で、太子は宮中に滞在して、ことごとくの欲望の対象を十分に受けて、心をほしいままにして喜んだ。

『仏本行集経』路逢死屍品第十九、大正蔵3, 723c23-24.

(4)道上に彼《か》の出家の者を見るや、心大喜《こころだいき》を生ずらく、此《これ》はこれ真なりと。

『仏本行集経』耶輸陀羅夢品第二十上、大正蔵3, 725b9.

――解説――

『仏本行集経』は、他の部派の所伝も伝え、仏伝の中で最も大きく集成されたものであり、五八七–五九二年の間に、闍那崛多《じゃなぐった》（Jñānagupta）によって漢訳された。この四門出遊の物語では、青年ゴータマがなかなか出家しようとしないかのように描かれ、老人、病人、死人、出家者に出会った後に青年ゴータマの心が物語られているが、ここに引いたような描写は、他の仏伝にはない。物語作者の工夫がうかがわれる。

8　信仰と勇気と智慧

ネーランジャラー河（尼連禅河《にれんぜんが》）の近くで専心《せんしん》してつとめはげみ、平安《へいあん》を得ようと奮《ふる》い立って静観《せいかん》している私に、悪魔《あくま》ナムチは、やさしい言葉をかけて近づいた。

「あなたは痩《や》せおとろえて顔色が悪い。あなたはいまにも死にそうだ。死が千ならあなたの命は一にすぎない。生きよ、生きていたほうがいい。命があってこそ福徳《ふくとく》を積むことができるのだ。梵行《ぼんぎょう》を修《しゅ》して火の神に供物《くもつ》を捧《ささ》げるものに、多くの福徳が積みあげられるのだ。つとめて何になろうか。つとめる道は、進むにかたく、作《な》しがたく、達成《たっせい》しがたいものだ。」

この詩を唱えて悪魔は仏陀のそばにたった。

このように語ったその悪魔に、世尊《せそん》はつぎのように語った。

「放逸《ほういつ》の親族《しんぞく》、悪魔よ、そのためにここにやってきたのか。私には福徳などいささかも意味がない。

福徳に意味があると思うものたちに悪魔は語るがいい。私には、信仰（saddhā）があり、勇気（viriya 精進《しょうじん》）があり、智慧（**paññā**）がある。このように専心してつとめている私にどうして命のことを尋ねるのか。私の勇気からたち上がる風は、河の流れをも干上《ひあ》がらせるであろう。専心してつとめる私の身体の血がどうして干上がらないだろうか。」

『スッタニパータ』「3・2パダーナ経」425-433（*Suttanipāta* 3.2 *Padhānasutta* 425-433, pp. 74-75)。

邦訳には、中村元訳『ブッダのことば』（岩波文庫 pp. 87-88）などがある。

――解説――

『スッタ・ニパータ』のこの箇所は、最も古い形の悪魔の誘惑の物語である。この後に、魔の軍隊とは、欲望、嫌悪、飢渇、渇愛、けだるさと眠気、恐怖、疑惑、偽善と頑なさ、利得、名声、尊敬、誤って得られた名誉、自己を褒め他を貶めることである、と説かれている。なおこのエピソードは、詩頌で伝えられているが、ここでは散文にまとめて紹介した。

9　棄捨苦行《きしゃくぎょう》

その時、太子、心に自ら念言《ねんごん》す。「我、今、日に一麻一米《いちまいちまい》を食らい、乃至《ないし》、七日に一麻一米を食らい、身形消瘦《しんぎょうしょうそう》、枯木《こぼく》のごとく、苦行を修《しゅ》すること満六年になんなんとして、解脱《げだつ》を得ず。故に道にあらざるを知る。昔、閻浮樹《えんぶじゅ》の下に在りて、思惟《しゆい》せるところの法《ほう》、離欲寂静《りよくじゃくじょう》こそ、これ最も真正なるにしかず」と。

『過去現在因果経』（大正蔵3, 639a25-29）

――解説――

出家した釈尊が六年にもおよぶ苦行をしたが道を達成することができず、苦行は道ではないと思った時のことを語ったものである。その時に、少年時代の体験を想い起こしたとされる。

10 樹下思惟《じゅげしゆい》（樹下観耕《じゅげかんこう》）

その時、太子、王に出遊《しゅつゆう》せんと啓《もう》す。王すなわち聴許《ちょうこ》す。時に王、すなわち太子ならびに諸《もろもろ》の群臣と、前後に導従《どうじゅう》して、国界を按行《あんぎょう》して、次いでまた前行して、王の田所に到る。すなわち閻浮樹《えんぶじゅ》下《げ》に止息《しそく》して、諸の耕人《こうにん》を看《み》る。

その時、浄居天《じょうごてん》、壌虫《じょうちゅう》を化作《けさ》し、烏《からす》したがってこれを啄《ついば》む。太子、見おわって慈悲心《じひしん》を起す。「衆生《しゅじょう》や愍《あわれ》むべし。互《たがい》に相《あ》い呑食《どんじき》す」と。すなわち思惟し、欲界《よくかい》の愛を離れ、かくのごとくして乃至《ないし》、四禅地《しぜんじ》を得たり。日光昕赫《にっこうこんしゃく》するや、樹《じゅ》ために枝を曲げ、したがって太子を蔭《おお》う。

その時、白浄王《びゃくじょうおう》、四面に推求《すいぐ》して、太子を問い覓《もと》む。従人答えて曰わく。「太子、今、閻浮樹下に在り」と。時に王、すなわち諸の群臣と、彼の樹のところに往《ゆ》く。いまだ至らざるの間、はるかに太子の端坐思惟《たんざしゆい》するを見、また彼の樹の曲がりてその軀《からだ》を蔭うを見て、深く奇特《きとく》を生ず。時に王、すなわち前《すす》みて太子の手を執《と》り、問うて言わく。「汝、今、何が故にここに在りて坐するや」と。太子、答えて言わく。「諸の衆生を観るに、かわるがわる相い呑食す。はなはだ傷《いた》み愍《あわれ》むべし」と。

王、この語を聞きて、心に憂悩《うのう》を生じ、その出家を慮《おもんぱか》り、宜《よろ》しく急に婚娉《こんぺい》して、もってその意を悦《よろこ》ばすべしと、すなわちこれを呼びて、「倶《と》共《も》に国に還《かえ》らん」と。太子、答えて言わく。「願わくは、ここに停《とど》まらん」と。王、その語を聞きて、心にすなわち念言す。「彼の阿私陀《あしだ》が往日《おうにち》に説けるところ、太子、今、まさにその言のごとくならんとす」と。王、すなわち涙を流し重ねて「国に還らん」と喚ぶ。太子、すでに父王のかくのごとくなるを見て、すなわち随従して、所止に帰る。王、在家を楽しまざるを恐れ愁憂《うれ》い、さらに妓女《ぎにょ》を増《ふ》やしてこれを娯楽《ごらく》せしむ。

『過去現在因果経』（大正蔵3, 629a22-b11）

――解説――

これは「樹下観耕」ともいわれる挿話である。ほとんどの仏伝に伝えられるが、四門出遊の前に語られるもの、四門出遊の後に語られるものという異なりはある。また、鳥の虫をついばむのを見て悲しみの心を生ずるもの、虫が踏みつぶされて死んでいることと汗を流して耕す牛の労苦を見て憐れみの心を生ずるものと、若干の主題の異なりも見られる。また苦行を捨てるとき、この閻浮樹の下で体験した静けさを憶い起こすという挿話も、ほとんどの仏伝が伝えている。

慈悲心を生じて閻浮樹の下で独り坐り思惟する少年ゴータマの姿を、「樹影卓然《じゅようたくねん》として移動せず」（樹の影が高くからさしたまま移らなかった）と語るいくつかの仏伝がある。中には、慈悲心を生じたことを語らずに、その不思議さをのみ語る仏伝もある。

時に一大臣、はるかに太子のかの閻浮樹《えんぶじゅ》の陰《かげ》の下に在りて思惟坐禅《しゆいざぜん》するを見、また一切の樹影《じゅよう》のことごとく移れるに、ただ閻浮《えんぶ》の陰《かげ》のみ独《ひと》り太子を覆《おお》うを見る。

『仏本行集経』（大正蔵3, 706c12-14）

11　菩提樹下《ぼだいじゅ》の思索（パーリ律 大品 1・1）

そのとき、仏陀世尊《ぶつだせそん》は、覚《めざ》めたばかりであり、ウルヴェーラー（優樓頻螺《うるびんら》）のネーランジャラー河（尼連禅河《にれんぜんが》）の岸辺にある、菩提樹の根もとにおられた。そこで世尊は、解脱《げだつ》の楽《らく》を受けながら、菩提樹の根もとに、七日の間、同一に足を組んだまま坐っていた。

そこで世尊は、夜の初分《しょぶん》に、縁起《えんぎ》（**paṭicca-samuppāda**）を、順に逆に、観察した（**manasākāsi**）。

無明《むみょう》に縁《よ》って諸行《しょぎょう》あり、諸行に縁って識《しき》あり、識に縁って名色《みょうしき》あり、名色に縁って六処《ろくしょ》あり、六処に縁って触《そく》あり、触に縁って受《じゅ》あり、受に縁って渇愛《かつあい》あり、渇愛に縁って取《しゅ》あり、取に縁って有《う》あり、有に縁って生《しょう》あり、生に縁って老死《ろうし》、憂《うれ》い（**soka**）、悲しみ（**parideva**）、苦しみ（**dukkha**）、悩み（**domanassa**）、不安（**upāyāsa**）が生ずる。このように、このただ苦しみだけの集まりの生起《しょうき》がある。

また、無明の残りなき離欲《りよく》と消滅《しょうめつ》から諸行の消滅があり、諸行の消滅から識の消滅があり、識の消滅から名色の消滅があり、名色の消滅から六処の消滅があり、六処の消滅から触の消滅があり、触の消滅から受の消滅があり、受の消滅から渇愛の消滅があり、渇愛の消滅から取の消滅があり、取の消滅から有の消滅があり、有の消滅から生の消滅があり、生の消滅から老死、憂い、悲しみ、苦しみ、悩み、不安が消滅する。このように、このただ苦しみだけの集まりの消滅がある、と。

そこで世尊は、このような意味を知って、その時に、感きわまりこの言葉を発した。

ひたすら静思しているブラーフマナ（求道者）に、諸法（dhammā）が現われるとき、そのときかれのすべての疑惑（kaṅkhā）は消失する。なぜなら彼は因とともに法を知るからである。

そこで世尊は、夜の中分《ちゅうぶん》に、縁起を、順に逆に、観察した。

無明に縁って諸行あり、諸行に縁って識あり、識に縁って名色あり、名色に縁って六処あり、六処に縁って触あり、触に縁って受あり、受に縁って渇愛あり、渇愛に縁って取あり、取に縁って有あり、有に縁って生あり、生に縁って老死、憂い、悲しみ、苦しみ、悩み、不安が生ずる。このように、このただ苦しみだけの集まりの生起がある。

また、無明の残りなき離欲と消滅から諸行の消滅があり、諸行の消滅から識の消滅があり、識の消滅から名色の消滅があり、名色の消滅から六処の消滅があり、六処の消滅から触の消滅があり、触の消滅から受の消滅があり、受の消滅から渇愛の消滅があり、渇愛の消滅から取の消滅があり、取の消滅から有の消滅があり、有の消滅から生の消滅があり、生の消滅から老死、憂い、悲しみ、苦しみ、悩み、不安が消滅する。このように、このただ苦しみだけの集まりの消滅がある、と。

そこで世尊は、このような意味を知って、その時に、感きわまりこの言葉を発した。

ひたすら静思しているブラーフマナ（求道者）に、諸法が現われるとき、そのときかれのすべての疑惑は消失する。なぜなら彼は諸縁《しょえん》の消滅を知ったからである。

そこで世尊は、夜の後分《こうぶん》に、縁起を、順に逆に、観察した。

無明に縁って諸行あり、諸行に縁って識あり、識に縁って名色あり、名色に縁って六処あり、六処に縁って触あり、触に縁って受あり、受に縁って渇愛あり、渇愛に縁って取あり、取に縁って有あり、有に縁って生あり、生に縁って老死、憂い、悲しみ、苦しみ、悩み、不安が生ずる。このように、このただ苦しみだけの集まりの生起がある。

また、無明の残りなき離欲と消滅から諸行の消滅があり、諸行の消滅から識の消滅があり、識の消滅から名色の消滅があり、名色の消滅から六処の消滅があり、六処の消滅から触の消滅があり、触の消滅から受の消滅があり、受の消滅から渇愛の消滅があり、渇愛の消滅から取の消滅があり、取の消滅から有の消滅があり、有の消滅から生の消滅があり、生の消滅から老死、憂い、悲しみ、苦しみ、悩み、不安が消滅する。このように、このただ苦しみだけの集まりの消滅がある、と。

そこで世尊は、このような意味を知って、その時に、感きわまりこの言葉を発した。

ひたすら静思しているブラーフマナ（求道者）に、諸法が現われるとき、あたかも太陽が空中を光輝でみたし〔雲をかき散らすように〕、魔の軍勢を四散させて、かれは立つ。

菩提の話が終わった。

『パーリ律 大品 1・1 菩提の話』（*Vinaya-piṭaka, Mahāvagga*, 1.1 *Bodhi-kathā*, PTS vol. 1, pp. 1-2）。
邦訳には、南伝第三巻律蔵三「大品」（pp. 1-3）などがある。

12 縁起の観察（相応部経典 12・10）

比丘たちよ、私が覚《めざ》める以前、未《いま》だ正覚《しょうがく》していない菩薩《ぼさつ》であったとき、このような思いが起こった。

「実にこの世間《せけん》は苦難に陥《おちい》っている。生まれ、老い、死に、去り、生まれる。しかしこの苦悩からの出離《しゅつり》（nissaraṇa）、老死からの出離を知らない。一体いつ、この苦悩からの出離、老死からの出離が知られるのか」と。

そのわたしに、比丘たちよ、このような思いが起こった。

「何があるから老死（jarā-maraṇa）があり、何に縁《よ》って（paccayā）老死があるのか」と。

そのわたしに、比丘たちよ、如理作意《にょりさい》（yoniso-manasikāra）にもとづく慧《え》（paññā）による現観《げんかん》（abhi-samaya）が起こった。

「生《しょう》（jāti）があるから老死がある。生に縁って老死がある」と。

そのわたしに、比丘たちよ、このような思いが起こった。

「何があるから生があり、何に縁って生があるのか」と。

そのわたしに、比丘たちよ、如理作意にもとづく慧による現観が起こった。

「有《う》（bhava）があるから生がある。有に縁って生がある」と。

そのわたしに、比丘たちよ、このような思いが起こった。

「何があるから有があり、何に縁って有があるのか」と。

そのわたしに、比丘たちよ、如理作意にもとづく慧による現観が起こった。

「取《しゅ》（upādāna）があるから有がある。取に縁って有がある」と。

そのわたしに、比丘たちよ、このような思いが起こった。

「何があるから取があり、何に縁って取があるのか」と。

そのわたしに、比丘たちよ、如理作意にもとづく慧による現観が起こった。

「渇愛《かつあい》（taṇhā）があるから取がある。渇愛に縁って取がある」と。

そのわたしに、比丘たちよ、このような思いが起こった。

「何があるから渇愛があり、何に縁って渇愛があるのか」と。
そのわたしに、比丘たちよ、如理作意にもとづく慧による現観が起こった。
「受《じゅ》（vedanā）があるから渇愛がある。受に縁って渇愛がある」と。
そのわたしに、比丘たちよ、このような思いが起こった。
「何があるから受があり、何に縁って受があるのか」と。
そのわたしに、比丘たちよ、如理作意にもとづく慧による現観が起こった。
「触《そく》（phassa）があるから受がある。触に縁って受がある」と。
そのわたしに、比丘たちよ、このような思いが起こった。
「何があるから触があり、何に縁って触があるのか」と。
そのわたしに、比丘たちよ、如理作意にもとづく慧による現観が起こった。
「六処《ろくしょ》（saḷ-āyatana）があるから触がある。六処に縁って触がある」と。
そのわたしに、比丘たちよ、このような思いが起こった。
「何があるから六処があり、何に縁って六処があるのか」と。
そのわたしに、比丘たちよ、如理作意にもとづく慧による現観が起こった。
「名色《みょうしき》（nāma-rūpa）があるから六処がある。名色に縁って六処がある」と。
そのわたしに、比丘たちよ、このような思いが起こった。

「何があるから名色があり、何に縁って名色があるのか」と。

そのわたしに、比丘たちよ、如理作意にもとづく慧による現観が起こった。

「識《しき》（viññāṇa）があるから名色がある。識に縁って名色がある」と。

そのわたしに、比丘たちよ、このような思いが起こった。

「何があるから識があり、何に縁って識があるのか」と。

そのわたしに、比丘たちよ、如理作意にもとづく慧による現観が起こった。

「諸行《しょぎょう》（saṅkhārā）があるから識がある。諸行に縁って識がある」と。

そのわたしに、比丘たちよ、このような思いが起こった。

「何があるから諸行があり、何に縁って諸行があるのか」と。

そのわたしに、比丘たちよ、如理作意にもとづく慧による現観が起こった。

「無明《むみょう》（avijjā）があるから諸行がある。無明に縁って諸行がある」と。

実にこのように、無明に縁って諸行があり、諸行に縁って識があり、識に縁って名色があり、名色に縁って六処があり、六処に縁って触があり、触に縁って受があり、受に縁って渇愛があり、渇愛に縁って取があり、取に縁って有があり、有に縁って生があり、生に縁って老死、憂い、悲しみ、苦しみ、悩み、不安が生ずる。このように、このただ苦悩のみの集まりの生起《しょうき》がある。

「これが生起《しょうき》（samudaya）である。これが生起である」と、比丘たちよ、私にかつていまだ聞いたことのない諸法《しょほう》についての眼《げん》（cakkhu）が生じ、智《ち》（ñāṇa）が生じ、慧《え》（paññā）が生じ、明《みょう》（vijjā）が生じ、光《ひかり》（āloka）が生じた。

そのわたしに、比丘たちよ、このような思いが起こった。

「何がないから老死がなく、何の消滅から老死の消滅があるのか」と。

そのわたしに、比丘たちよ、如理作意にもとづく慧による現観が起こった。

「生がないから老死がなく、生の消滅から老死の消滅がある」と。

そのわたしに、比丘たちよ、このような思いが起こった。

「何がないから生がなく、有、取、渇愛、受、触、六処、名色、識、諸行がなく、何の消滅から諸行の消滅があるのか」と。

そのわたしに、比丘たちよ、如理作意にもとづく慧による現観が起こった。

「無明がないから諸行がない。無明の消滅から諸行の消滅がある」と。

実にこのように、無明の消滅から諸行の消滅があり、諸行の消滅から識の消滅があり、識の消滅から名色の消滅があり、名色の消滅から六処の消滅があり、六処の消滅から触の消滅があり、触の消滅から受の消滅があり、受の消滅から渇愛の消滅があり、渇愛の消滅から取の消滅があり、取の消滅から有の消滅があり、有の消滅から生の消滅があり、生の消滅から老死、憂い、悲しみ、苦しみ、悩み、不安が消滅する。このように、このただ苦悩のみの集まりの消滅がある。

「これが消滅である。これが消滅である」と、比丘たちよ、わたしにいまだ聞いたことのない諸法についての眼が生じ、智が生じ、慧が生じ、明が生じ、光が生じた。

『相応部経典12・10　マハーサキャムニ・ゴータマ経』（*Saṃyutta Nikāya* 12.10, *Mahāsakyamunigotama*, vol. 2, pp. 10-11）。邦訳には、浪花宣明訳「偉大な釈迦族の牟尼であるゴータマ仏」（『原始仏典II』相応部経典第二巻、春秋社、pp. 35-39）、南伝第十三巻相応部経典二「大釈迦牟尼瞿曇」（pp. 13-15）などがある。

13　「法」（dharma）の意味について

前十世紀ころ成立した『リグ・ヴェーダ』では、自然界には整然たる秩序があり、その自然界の種々の力の擬人化である神々が、その秩序の維持をまかされていると考えられた。それぞれの神々に分け与えられた秩序の中の位置やはたらきが、ダルマ（dharma 法）と呼ばれた。たとえば、太陽を表わすスールヤ神は、そのダルマにしたがって、天地両界の間の空界を進み、稲妻を武器とするインドラ神（帝釈天）は、花を咲かせ果実に富む樹木と河川の流れを耕地に分与するごとくである。

またこの自然界の秩序である宇宙秩序は、特に裁きの神ヴァルナ（varuṇa）や契約の神ミトラ（mitra）などを介して、人間もまたしたがうべきであるとされ、そのような共通のダルマがあると考えられた。

やがてヴァルナ（varṇa）体制（カースト制）というかたちで社会の秩序が成立することになると、自然界の中での神々の位置やはたらきを保持するダルマとの類比で、社会の中での人間の位置や役割を保持するダルマがあると考えられるようになった。中でも特にブラーフマナや王たちの行動規範を定めることが中心にあった。

それはさらに四つのヴァルナについてそれぞれのダルマが配分されることになっていった。前六世紀に成立したダルマ・スートラ（法典）は、つぎのように規定している。ブラーフマナの社会的機能・天職・生活手段は、ヴェーダの教授と祭式の執行とそして贈物を受けとることである。クシャトリヤは、人民の守護である。ヴァイシャは、農耕、牧畜、商業による経済活動である。そしてシュードラは、上位ヴァルナがそれぞれの機能を円滑に遂行しうるように奉仕することである。

以上が、ヴェーダの宗教内部で考えられてきたダルマの意味の展開である。

前六世紀は、ヴェーダの宗教の伝統に対して批判的な沙門たちが現われ、社会に多大な影響力をもった。そのせいもあって、ヴェーダの宗教の伝統内部からは、上に見たダルマ・スートラがいくつも作成されていったのである。

同時代の沙門たちもまたダルマという語を取り入れ用いたに違いない。少なくとも仏教ではそうである。極めて重要な意味をもったものとして用いられている。しかし同時代のダルマ・スートラに見られる意味で用いられているのではないことは明らかである。それならばいかなる意味で用いられているのか。

ダルマ・スートラは、社会体制の中の人間の義務を指してダルマと呼んでいる。仏教は、まず最初には、苦をもたらす因を指してダルマと呼んでいる。両者を接続する意味連関を見出すのはかなり困難である。両者をつなぐかもしれない一語をあげるとするならば、真実（satya 諦）かもしれない（『リグ・ヴェーダ』はすでに「真実なるダルマ」satya-dharma といっている）。両者がそれぞれ直面している課題のなかでの真実がダルマなのだといえるだろうか。この点については、まだまだ検討されなければならない。

ヴェーダの宗教の伝統内部の詳細は、渡瀬信之「法典の成立とその思想」（岩波講座東洋思想第五巻『インド思想1』一九八八所収）を参照した。

14 菩提を得た仏陀ゴータマ（パーリ律 大品 1・2−1・4）

(1)アジャパーラ樹の下で

それから世尊は、七日が経って、その三昧《さんまい》から出て、菩提樹の根もとから、アジャパーラ・ニグローダ樹に近づいた。近づいて、そのアジャパーラ・ニグローダ樹の根もとで、解脱の楽を受けながら、七日の間、同一に足を組んだまま坐った。

その時、ある「ふんふん」言うことをならわしとするブラーフマナが、世尊のところに近づいた。近づいて、世尊と親しく挨拶し、親しく恭しい言葉を交わして、一方に立った。一方に立って、そのブラーフマナは、世尊にこのように言った。「あなたゴータマよ、どのようなことでブラーフマナとなり、ブラーフマナを生みだす法とはどのようなものか」と。

そこで世尊は、このような意味を知って、その時に、感きわまりこの言葉を発した。

> ブラーフマナとは、悪法を払い除け、ふんふんせず、汚れなく、自己を制御《せいぎょ》し、ヴェーダの究極〔である涅槃〕に達し、梵行《ぼんぎょう》〔道〕を成就し、いかなる世間に対しても傲慢《ごうまん》がない、そのような者が、道理として、ブラーフマナであり、〔「われはブラーフマナなり」という〕

最上の言葉を語ることができる。

アジャパーラ樹の話が終わった。

『パーリ律 大品 1・2 アジャパーラ樹の話』(*Vinaya-piṭaka, Mahāvagga,* 1.2 *Ajapāla-kathā,* vol. 1, pp. 2-3)。邦訳には、南伝第三巻律蔵三「大品」(p. 4) などがある。

(2)ムチャリンダ樹の下で

それから世尊は、七日が経って、その三昧《さんまい》から出て、アジャパーラ・ニグローダ樹の根もとから、ムチャリンダ樹に近づいた。近づいて、そのムチャリンダ樹の根もとで、解脱の楽を受けながら、七日の間、同一に足を組んだまま坐った。

その時に、時ならずして大きな雲が出て、七日の間雨がふりつづき、冷たい風がふく悪天候であった。その時、龍王(コブラの王)ムチャリンダが、自分の住み家から出てきて、世尊の身体を七重に蜷局《とぐろ》を巻いて、鎌首《かまくび》をあげ、頭の上を覆ってとどまった。世尊を、寒さや暑さで悩まさないように、世尊を、虻《あぶ》や蚊《か》や風や熱気や蛇《へび》が触れて悩まさないように、と。

それから龍王ムチャリンダは、七日が経って、暗雲が去り空が澄みきったのを知って、世尊の身体から蜷局を解いて、自分の姿を引っこめ少年の姿になり、世尊を礼拝しようと、世尊の前に合掌して立った。

そこで世尊は、このような意味を知って、その時に、感きわまりこの言葉を発した。

満足して、法を聞き、見ているものにとって、遠離《おんり》は楽しい。世間に対して害なく、生きているものたちに制御あることは楽しい。世間に対し離欲《りよく》し、諸の欲の対象を超えていることは楽しい。我ありとの思い（我慢《がまん》）の調伏《ちょうぶく》こそが最高の楽しみである。

ムチャリンダ樹の話が終わった。

『パーリ律 大品 1・3 ムチャリンダ樹の話』（*Vinaya-piṭaka, Mahāvagga, 1.3 Mucalinda-kathā,* vol. 1, p. 3）。邦訳には、南伝第三巻律蔵三「大品」（pp. 5-6）などがある。

(3)ラージャーヤタナ樹の下で

それから世尊は、七日が経って、その三昧《さんまい》から出て、ムチャリンダ樹の根もとから、ラージャーヤタナ樹に近づいた。近づいて、そのラージャーヤタナ樹の根もとで、解脱の楽を受けながら、七日の間、同一に足を組んだまま坐った。

その時、タプッサとバッリカという〔兄弟の〕二商人が、ウッカラ村からこの地への街道を歩いていた。そこで、タプッサとバッリカの二商人にとっての親族血縁にある鬼神が、タプッサとバッリカの二商人に、このように語りかけた。「友よ、ここに世尊が、目覚めたばかりで、ラージャーヤタナ樹の根もとにとどまっておられる。その世尊のところに行って、麦菓子《むぎかし》と蜜団子《みつだんご》をもってお給仕しなさい。それは、あなたたちに、長時にわたって、利益と安楽をもたらすであろう」と。

そこでタプッサとバッリカの二商人は、麦菓子と蜜団子をもって、世尊のところに近づいた。近づいて、世尊に挨拶し一方に立った。一方に立ったタプッサとバッリカの二商人は、世尊にこのように言った。「尊師よ、どうか世尊は、われらの麦菓子と蜜団子を受けとってくださいますように。それが、われらに、長時にわたって、利益と安楽とをもたらすように」と。

そこで世尊はこのように思った。「如来《にょらい》は、素手《すで》で受けとったりしない。どうやって私は、麦菓子と蜜団子を受けとったらいいだろうか」と。そこで四大王天《しだいおうてん》は、世尊が心で思念されたことを、心で知って、四方から、四つの石鉢《せきはつ》を世尊に献じた。「尊師よ、この中に世尊は、麦菓子と蜜団子とを受けとられますように」と。世尊は、新しい一つの石鉢で、麦菓子と蜜団子とを受けとった。そして受けとって食した。（cf. *Mahāvastu* III 304, 四大王天がそれぞれ差し出した四つの鉢を一つの鉢にして供物を受けた。）

そこでタプッサとバッリカの二商人は、世尊が鉢から手を離されたのを知って、世尊の両足に頭をつけて礼拝し、世尊にこのように言った。「尊師よ、この我らは、世尊と法に帰依いたします。世尊は、我らを、今日より命の限り帰依したウパーサカ（優婆塞《うばそく》）として受けいれてくださいますように」

と。

彼らは、世間で、二帰依《にきえ》をした最初のウパーサカとなった。

ラージャーヤタナ樹の話が終わった。

『パーリ律 大品 1・4ラージャーヤタナ樹の話』（*Vinaya-piṭaka, Mahāvagga,* 1.4 *Rājāyatana-kathā,* vol. 1, pp. 3-4）。邦訳には、南伝第三巻律蔵三「大品」（pp. 6-7）などがある。

15 梵天勧請（パーリ律 大品 1・5）

それから世尊は、七日が経って、その三昧《さんまい》から出られ、ラージャーヤタナの樹から、アジャパーラ・ニグローダの樹に近づいた。近づいて、世尊は、まさにそのアジャパーラ・ニグローダの樹の根もとに住まった。

そのとき、一人静かに坐っていた世尊の心に、このような思いが起こった。

私の了解したこの法《ほう》（dhamma）は、深遠であり、見がたく、理解しがたく、静寂であり、卓越し、思考の領域を越え、微妙であり、知者によって知られるものである。

しかしこの人びとは、執着《しゅうじゃく》を愛し、執着を楽しみ、執着を喜んでいる。この執着を愛し、執着を楽しみ、執着を喜んでいる人びとには、〝これを原因とすることによる縁起《えんぎ》〟というこの道理を見ることができないし、また、〝すべての形成されたものの寂滅、すべての生存の基盤の放棄、渇愛の消滅、貪欲を離れること、消滅が、涅槃である〟というこの道理を見ることができない。

私が法を説いたとして、他のものたちが私を理解しないならば、それは私にとって徒労であり、それは私にとって傷ましいことである、と。

そして世尊に、誰も言ったことがなく以前にかつて聞いたことのないこの詩頌が思い浮かんだ。

困難のなか私が了解したものを、説いてなんになろうか。貪《むさぼ》りと怒りにとりつかれたものたちが、この法を容易に理解することはできない。

流れに逆らった、微妙な、深遠な、見がたく、微細なものを、貪りをほしいままにし、深い闇に覆われているものたちは、見ることができない。

このように世尊は思い、心は、法を説くほうにではなく、気が進まないほうに傾いた。

そのとき、サハー（娑婆《しゃば》）世界の主ブラフマン（梵天《ぼんてん》）は、世尊の心中の思いを知って、このように考えた。ああ、世界は滅びる。ああ、世界は壊滅する。なんと、如来《にょらい》、阿羅漢《あらかん》、正覚者《しょうがくしゃ》の心は、法を説くほうにではなく、気が進まないほうに傾いているのだから、と。

そこで、サハー世界の主ブラフマンは、たとえば力のある人が曲げた腕を伸ばしたり、伸ばした腕を曲げるように、そのように、ブラフマ世界から姿を消して、世尊の前に現われた。そして、サハー世界の主ブラフマンは、上着を一方の肩にかけ、右の膝を地に着けて、世尊のほうに向かって合掌し、世尊にこのように言った。

世尊よ、法をお説きください。善逝《ぜんぜい》よ、法をお説きください。汚れの少ない衆生もいます。かれらは、法を聴聞していないので、心がひるんでいます。かれらは、法を理解するものとなるでしょう、と。

このように、サハー世界の主ブラフマンは言った。言いおわって、さらにこのように言った。

かつてマガダの国に、汚れたものたちが考えだした不浄な法が現われた。不死の門を開いてください。汚れなきものが覚知した法を、人びとは聞くがよい。

たとえば、山頂の岩のうえに立って、くまなく人びとを見るように、そのように、知者よ、くまなく見る眼あるかたよ、法からなる高楼に登って、憂いを離れたかたは、憂いに沈み、生まれと老いに支配されている人を見てください。

立ちあがってください。勇者よ。勝利者よ。隊商の先導者よ。負債なきものよ。世界を歩いてください。世尊よ、法を説いてください。かれらは理解するものとなるでしょう。

このように言われたとき、世尊は、サハー世界の主ブラフマンにこのように言った。

ブラフマンよ、私にこのような思いが起こったのです。私の了解したこの法は、深遠であり、見がたく、理解しがたく、……それは私にとって傷ましいことである、と。そして私に、ブラフマンよ、この誰も言ったことがなく以前にかつて私は聞いたことのない詩頌が思い浮かんだ。……覆われているものたちは、見ることができない、と。このように私は思い、ブラフマンよ、心は、法を説くほうにではなく、気が進まないほうに傾いたのです、と。

二度目に、サハー世界の主ブラフマンは、世尊にこのように言った。

世尊よ、法をお説きください。……かれらは理解するものとなるでしょう、と。

二度目に、世尊は、サハー世界の主ブラフマンにこのように言った。

ブラフマンよ、私にこのような思いが起こったのです。私の了解したこの法は、深遠であり、見がたく、理解しがたく、……それは私にとって傷ましいことである、と。そして私に、ブラフマンよ、この誰も言ったことがなく以前にかつて私は聞いたことのない詩頌が思い浮かんだ。……覆われているものたちは、見ることができない、と。このように私は思い、ブラフマンよ、心は、法を説くほうにではなく、気が進まないほうに傾いたのです、と。

三度目に、サハー世界の主ブラフマンは、世尊にこのように言った。

世尊よ、法をお説きください。……かれらは理解するものとなるでしょう、と。

そこで世尊は、ブラフマンの勧請《かんじょう》を知り、また衆生に対する悲哀から、仏陀の眼をもって、世界を観察した。仏陀の眼をもって世界を観察した世尊は、汚れ少なき衆生や汚れの多い衆生、機敏なものや鈍感なもの、形のいいものや悪いもの、教えやすいものや教えにくいものが、またある者たちはあの世での罪の恐れを知って、生活しているのを、見た。

たとえば、青い蓮の池や赤い蓮の池や白い蓮の池において、ある青や赤や白い蓮は、水中で生まれ、水中で成長し、水面から出ずに、水中に沈んだまま繁茂する。ある青や赤や白い蓮は、水中で生まれ、水中で成長し、水面と等しいところにとどまる。ある青や赤や白い蓮は、水中で生まれ、水中で成長し、水面から出て、水にぬれないでいる。

世尊は、仏陀の眼をもって世界を見たとき、これと同様に、汚れ少なき衆生や汚れの多い衆生、機敏なものや鈍感なもの、形のいいものや悪いもの、教えやすいものや教えにくいものが、またある者たちはあの世での罪の恐れを知って、生活しているのを、見た。見おわって、サハー世界の主ブラフマンに、詩頌をもって答えた。

耳あるものたちに不死の門は開かれた。信仰をおこすがよい。人びとに害あることを思い、
微妙で卓越した法を説かなかったのだ、ブラフマンよ。

そこで、サハー世界の主ブラフマンは、「世尊が法を説くための機会をつくることができた」と考

えて、世尊に挨拶をして、世尊のまわりを右に回って、その場で姿を消した。

ブラフマン勧請の話が終わった。

『パーリ律 大品 1・5 梵天勧請』(*Vinaya-piṭaka, Mahāvagga*, 1.5 *Brahma-yācana-kathā*, vol. 1, pp. 4-7)。邦訳には、南伝第三巻律蔵三「大品」(pp. 7-13) などがある。また『相応部経典 6・1・1 梵天勧請』(*Saṃyutta Nikāya* 6.1.1 *Brahmāyācana-sutta*, vol. 1, pp. 136-138) としても伝えられている。邦訳には、櫻部建訳「説法の要請(相応部六・一・一)」(『世界の名著1 バラモン教典 原始仏典』中央公論社 pp. 431-434)、中村元訳「梵天に関する集成、懇請」(『ブッダ 悪魔との対話』岩波文庫 pp. 83-87)、南伝第十二巻相応部経典一「勧請」(pp. 234-237) などがある。

16 誰がこの法を了解するか(パーリ律 大品 1・6・1-6)

そこで、世尊にこのような考えが生じた。誰にいったい私は最初の法を説いたらいいだろうか。誰がこの法をすみやかに了解するだろうか、と。そのとき世尊にこのような考えが生じた。あのアーラーラ・カーラーマは、学識があり、経験があり、聡明であり、長い間ほとんど汚れていない。いまアーラーラ・カーラーマに最初の法を説くことにしよう。彼はこの法をすみやかに了解するであろう、と。

そのとき、姿を隠した神が世尊に言った。尊者よ、アーラーラ・カーラーマは七日前に命終した、と。世尊にもまた、アーラーラ・カーラーマは七日前に命終したという知識が生じた。そのとき世尊にこのような考えが生じた。アーラーラ・カーラーマは偉大な生まれだった。もし彼がこの法を聞いたならば、すみやかに了解したであろう、と。

そこで、世尊にこのような考えが生じた。誰にいったい私は最初の法を説いたらいいだろうか。誰がこの法をすみやかに了解するだろうか、と。そのとき世尊にこのような考えが生じた。あのウッダカ・ラーマプッタは、学識があり、経験があり、聡明であり、長い間ほとんど汚れていない。いまウッダカ・ラーマプッタに最初の法を説くことにしよう。彼はこの法をすみやかに了解するであろう、と。

そのとき、姿を隠した神が世尊に言った。尊者よ、ウッダカ・ラーマプッタは昨夜命終した、と。世尊にもまた、ウッダカ・ラーマプッタは昨夜命終したという知識が生じた。そのとき世尊にこのような考えが生じた。ウッダカ・ラーマプッタは偉大な生まれだった。もし彼がこの法を聞いたならば、すみやかに了解したであろう、と。

そこで、世尊にこのような考えが生じた。誰にいったい私は最初の法を説いたらいいだろうか。誰がこの法をすみやかに了解するだろうか、と。そのとき世尊にこのような考えが生じた。あの五比丘はとても役に立ってくれた。彼らは、専心して努めていた私に仕えてくれた。いま五比丘たちに最初の法を説くことにしよう、と。

そこで、世尊にこのような考えが生じた。いま五比丘たちはどこに住んでいるだろうか、と。世尊は、浄らかで人間を超えた神の眼で、五比丘たちがバーラーナシー近郊にあるイシパタナのミガダーヤ（鹿野苑）に住んでいるのを見た。そこで世尊は、ウルヴェーラーで好きなだけ住したあとで、バーラーナシーに向かって遊行に出発した。

『パーリ律　大品　1・6・1–6　誰がこの法を了解するか』（*Vinaya-pitaka, Mahāvagga*, 1.6.1-6, vol. 1, pp. 7-8）。邦訳には、南伝第三巻律蔵三「大品」（pp. 13-14）などがある。

17　邪命外道ウパカ（パーリ律　大品　1・6・7–9）

邪命外道《じゃみょうげどう》のウパカは、世尊が、ガヤーと菩提樹との間の街道を歩いているのを見た。彼は、見てから、世尊にこのように言った。「友よ、あなたの感覚は澄みきりおだやかで（諸根悦予《しょこんえつよ》）、膚の色は清らかでとてもきれいだ（姿色清浄《ししきしょうじょう》）。友よ、あなたは誰のもとで出家したのか。あなたの師は誰なのか。あなたは誰の法を喜んでいるのか」と。

このように言われた世尊は、邪命外道のウパカに、詩頌をもって語った。

私は一切勝者《しょうしゃ》であり、一切知者である。一切の法において汚れていない。一切を捨て、渇《かつ》愛《あい》の消滅において解脱し、自ら証智したのであり、誰を〔師と〕呼ぶか。

私に師はいないし、私に比肩するものもない。神々を含めた世間で私に対等のものはいない。

私は世間において尊敬に値するものであり、私は無上の師である。私は唯一の正覚者であり、清涼《しょうりょう》となり涅槃《ねはん》に達した。

私は法輪《ほうりん》を転ずるためにカーシの町に行き、暗闇《くらやみ》の世間において不死《ふし》の鼓《つづみ》を打ちならすであろう、と。

「友よ、あなたが主張されるとおり、あなたは無限の勝者にふさわしい」と。

「漏《ろ》の消滅に達した者たちは、私のような勝者となろう。悪しき諸法を私は克服した。だから私は勝者である、ウパカよ」と。

このように言われた邪命外道ウパカは、「あるがかもしれんの、友よ」と言って、頭を横に振りながら、脇道をとって去って行った。

『パーリ律 大品 1・6・7-9 ウパカ』(*Vinaya-piṭaka, Mahāvagga*, 1.6.7-9 *Upako ājīviko*, vol. 1, p. 8)。

邦訳には、南伝第三巻律蔵三「大品」(pp. 14-16) などがある。

——解説——

この邪命外道ウパカのエピソードは、パーリ律大品の中で、釈尊が最初の説法のためにバーラーナシーに向かって歩きだしてすぐ、ガヤーの町にさしかかる途上でのこととして語られている。先の梵天勧請のエピソードと同様に、最初の説法が行なわれる前に置かれているところに、このエピソードの意味が見いだせる。それは、これからの仏陀の説法をどのように受けとめるか、あるいはどのような心で受けとめるかという準備であるともいうことができ、初期仏教徒による懇切な導入となっていると考えられる。特にこのウパカのエピソードは、短いものであるが、仏陀に出会うということはまさしく信仰の事態であることを語っている。したがって、「仏弟子の信仰」(『改訂　大乗の仏道』第二章第一節のⅡ、84頁) を尋ねるときに、このエピソードがとりあげられる。

18　五比丘（パーリ律 大品 1・6・10－16）

さて世尊は、バーラーナシー近郊のイシパタナのミガダーヤ（鹿野苑《ろくやおん》）へと徐々に遊行《ゆぎょう》しながら、五比丘《ごびく》たちがいるところに近づいた。五比丘たちは、世尊が遠くからやって来るのを見た。見おわって、彼らは互いに取り決めをした。友らよ、あの沙門《しゃもん》ゴータマがやって来る。彼は贅沢《ぜいたく》で、勤めることをやめてしまい、贅沢な生活に戻ってしまった。彼に挨拶する必要はないし、起《た》ちあがることもいらない、彼の鉢や衣を受けとらなくてもいい。それでも座は用意しよう。望むなら坐るであろう、と。世尊が五比丘たちに近付くにつれて、その五比丘たちは自分たちの取り決めにとどまっていることができなかった。世尊を迎えに行って、一人は世尊の鉢と衣を受けとり、一人は座を用意し、一人は足を洗う水、足台、足を拭《ふ》く布をそばに置いた。世尊は、用意された座に坐り、坐って世尊は足を洗った。彼らはさらに、世尊を、名前であるいは友よといって、呼びかけた。

このように言われた世尊は、五比丘にこのように言った。「比丘たちよ、如来《にょらい》を、名前であるいは友よといって、呼びかけてはならない。比丘たちよ、如来は、阿羅漢《あらかん》であり、正覚者《しょうがくしゃ》である。比丘たちよ、耳をかたむけよ。不死《ふし》が得られた。私は教え、法を説こう。汝たちが、教えられたとおりに実践すれば、久しからずして、良家の子らがそのために正しく家を出て家なきものとして出発したそ

の目的である、無上の、梵行《ぼんぎょう》の究極を、現法《げんぽう》において、自ら証知し現証し獲得して住することにな
ろう」と。

このように言われた五比丘は、世尊にこのように言った。「友、ゴータマよ、あなたは、あの行為、あの実践、あの難行によっても、上人法《しょうにんほう》であるすぐれた真正な知見を得ることができなかった。しかるに、いまや贅沢で、勤めることをやめてしまい、贅沢な生活に戻ってしまったあなたが、上人法であるすぐれた真正な知見をどうして得ることができようか」と。

このように言われた世尊は、五比丘にこのように言った。「比丘たちよ、如来は、贅沢ではなく、勤めることをやめたのではなく、贅沢な生活に戻ってしまったのではない。比丘たちよ、如来は、阿羅漢であり、正覚者である。比丘たちよ、耳をかたむけよ。不死が得られた。私は教え、法を説こう。汝たちが、教えられたとおりに実践すれば、久しからずして、良家の子らがそのために正しく家を出て家なきものとして出発したその目的である、無上の、梵行の究極を、現法において、自ら証知し現証し獲得して住することになろう」と。

二回目も、五比丘は、世尊にこのように言った。……二回目も、世尊は、五比丘にこのように言った。……三回目も、五比丘は、世尊にこのように言った。「友、ゴータマよ、あなたは、あの行為、あの実践、……上人法であるすぐれた真正な知見をどうして得ることができようか」と。

このように言われた世尊は、五比丘にこのように言った。「比丘たちよ、これ以前に、私がこのよ

うにしてこんなことをあなたたちに話したのを知っているか」。「いいえ、尊師よ、『比丘たちよ、如来は、阿羅漢であり、正覚者である。比丘たちよ、耳をかたむけよ。……住することになろう』というこのことはありません」。

世尊は五比丘を納得させることができた。そこで五比丘は、再び世尊の言葉を聞こうとして、耳をかたむけ、知ろうと心を構えた。

『パーリ律 大品 1・6・10–16 五比丘』（*Vinaya-piṭaka, Mahāvagga*, 1.6.10-16 *Pañcavaggiyā bikkhū*, vol. 1, pp. 8-10）。邦訳には、南伝第三巻律蔵三「大品」（pp. 16-18）などがある。

19 四聖諦の教説（パーリ律 大品 1・6・17–31）

その時、世尊は、五比丘に語られた。

比丘《びく》たちよ、家なきものとして出発したもの（出家）が近づいてはならない二つの極端（二辺《にへん》）がある。二つとは何か。さまざまの欲望の対象にむかって愛欲や快楽をほしいままにすることは、卑《いや》しく、低劣であり、凡夫《ぼんぶ》のすることであり、聖者《しょうじゃ》のすることではなく、目的にかなうものではない。また、自らの疲労にふけることは、苦しみであり、聖者のすることではなく、目的にかなうものではない。比丘たちよ、如来は、この両極端に近づかず、中道《ちゅうどう》を覚知した。これは、眼《げん》を生じ、智《ち》を生じ、静寂《せいじゃく》、叡知《えいち》、覚知《かくち》、涅槃《ねはん》をもたらすものである。

では比丘たちよ、如来が覚知した、眼を生じ、智を生じ、静寂、叡知、覚知、涅槃をもたらす、その中道とは何か。この聖なる八支からなる道（八正道《はっしょうどう》）である。すなわち、正見《しょうけん》、正思《しょうし》、正語《しょうご》、正業《しょうごう》、正命《しょうみょう》、正精進《しょうしょうじん》、正念《しょうねん》、正定《しょうじょう》である。比丘たちよ、これが、如来が覚知した中道であり、眼を生じ、智を生じ、静寂、叡知、覚知、涅槃をもたらすものである。

比丘たちよ、これが苦という聖なる真実（苦聖諦《くしょうたい》）である。すなわち、生まれることも苦であり、老いることも苦であり、病むことも苦であり、死ぬことも苦である。憎いものに会うことは苦であり、愛するものと別れることは苦である。欲するものが得られないのも苦である。要約して、五取蘊《ごしゅうん》は苦である。

比丘たちよ、これが苦の生起《しょうき》という聖なる真実（集聖諦《じっしょうたい》）である。すなわち、この渇愛《かつあい》が、次の境涯《きょうがい》をもたらすのであり、喜びや貪りをともない、いたるところに喜びを見いだすのである。それは、欲望の対象への渇愛（欲愛《よくあい》）、境涯への渇愛（有愛《うあい》）、境涯にないことへの渇愛（非有愛《ひうあい》）である。

比丘たちよ、これが苦の消滅という聖なる真実（滅聖諦《めっしょうたい》）である。すなわち、その渇愛をまったく離れ、滅することであり、棄捨し、放棄し、解放され、執着なきことである。

比丘たちよ、これが苦の消滅にいたる道という聖なる真実（道聖諦《どうしょうたい》）である。この聖なる八支からなる道であり、すなわち、正見、正思、正語、正業、正命、正精進、正念、正定である。

これが苦という聖なる真実（苦聖諦）であると、比丘たちよ、私にかつていまだ聞いたことのない諸法《しょほう》についての眼《げん》が生じ、智《ち》が生じ、慧《え》が生じ、明《みょう》が生じ、光《ひかり》が生じた。

さらにそのこの苦という聖なる真実を遍知《へんち》しなければならないと、比丘たちよ、私にかつていまだ聞いたことのない諸法についての眼が生じ、智が生じ、慧が生じ、明が生じ、光が生じた。

さらにそのこの苦という聖なる真実を遍知したと、比丘たちよ、私にかつていまだ聞いたことのない諸法についての眼が生じ、智が生じ、慧が生じ、明が生じ、光が生じた。

これが苦の生起という聖なる真実（集聖諦）であると、比丘たちよ、私にかつていまだ聞いたことのない諸法についての眼が生じ、智が生じ、慧が生じ、明が生じ、光が生じた。

さらにそのこの苦の生起という聖なる真実を断捨《だんしゃ》しなければならないと、比丘たちよ、私にかつていまだ聞いたことのない諸法についての眼が生じ、智が生じ、慧が生じ、明が生じ、光が生じた。

さらにそのこの苦の生起という聖なる真実を断捨したと、比丘たちよ、私にかつていまだ聞いたことのない諸法についての眼が生じ、智が生じ、慧が生じ、明が生じ、光が生じた。

これが苦の消滅という聖なる真実（滅聖諦）であると、比丘たちよ、私にかつていまだ聞いたことのない諸法についての眼が生じ、智が生じ、慧が生じ、明が生じ、光が生じた。

さらにそのこの苦の消滅という聖なる真実を現証《げんしょう》しなければならないと、比丘たちよ、私にかつていまだ聞いたことのない諸法についての眼が生じ、智が生じ、慧が生じ、明が生じ、光が生じた。

さらにその苦の消滅という聖なる真実を現証したと、比丘たちよ、私にかつていまだ聞いたことのない諸法についての眼が生じ、智が生じ、慧が生じ、明が生じ、光が生じた。

これが苦の消滅にいたる道という聖なる真実（道聖諦）であると、比丘たちよ、私にかつていまだ聞いたことのない諸法についての眼が生じ、智が生じ、慧が生じ、明が生じ、光が生じた。

さらにその苦の消滅にいたる道という聖なる真実を観修《かんしゅう》しなければならないと、比丘たちよ、私にかつていまだ聞いたことのない諸法についての眼が生じ、智が生じ、慧が生じ、明が生じ、光が生じた。

さらにその苦の消滅にいたる道という聖なる真実を観修したと、比丘たちよ、私にかつていまだ聞いたことのない諸法についての眼が生じ、智が生じ、慧が生じ、明が生じ、光が生じた。

比丘たちよ、私にとって、いかほどであれ、この四つの聖なる真実に対して、このように三重の十二相をもった、如実《にょじつ》なる知見が、完全に明らかにならなかった間は、比丘たちよ、神々や魔やブラフマン神を含んだ世界において、沙門やブラーフマナをともない、神々や人をともなった生きるもののなかで、無上の正覚を覚知したとは、私は決して認めなかった。

比丘たちよ、私にとって、この四つの聖なる真実に対して、このように三重の十二相をもった、如実なる知見が、完全に明らかになったが故に、そこで、比丘たちよ、神々や魔やブラフマン神を含んだ世界において、沙門やブラーフマナをともない、神々や人をともなった生きるものたちのなかで、無上の正覚を覚知したと、私は認めたのである。

そしてさらに私に知見が生じた。私の心解脱《しんげだつ》は不動であり、これが最後の生涯であり、いまや再びつぎの境涯をもつことはない、と。

このように世尊は語った。五比丘たちは、満足して、世尊の説かれたことを喜んだ。そしてまたこの説示が語られたとき、尊者コンダンニャ（憍陳如《きょうじんにょ》）に、浄《きよ》らかで汚《よご》れのない法眼《ほうげん》が生じた。すなわち生起《しょうき》する性質あるものはすべて消滅《しょうめつ》の性質あるものである、と知った。

そして世尊によって法輪《ほうりん》が転じられたとき、地上の神々は声を挙げて言った。「このように、世尊によって、バーラーナシー近郊のイシパタナのミガダーヤで、無上の法輪が転じられた。沙門であれブラーフマナであれ、神であれ人であれ、梵天《ぼんてん》であれ、世間の誰によっても逆転することはできない」と。

地上の神々の声を聞いて、四大王天《しだいおうてん》たちは声を挙げて言った。……四大王天たちの声を聞いて、三十三天《さんじゅうさんてん》たちは、……夜摩天《やまてん》たちは、……兜率天《とそつてん》たちは、……化楽天《けらくてん》たちは、……他化自在天《たけじざいてん》たちは、……梵衆天《ぼんしゅてん》たちは声を挙げて言った。「このように、世尊によって、バーラーナシー近郊のイシパタナのミガダーヤで、無上の法輪が転じられた。沙門であれブラーフマナであれ、神であれ人であれ、梵天であれ、世間の誰によっても逆転することはできない」と。

このようにして、その刹那《せつな》、その一刻、その瞬間に、ブラフマ世界にまで声が達した。そしてこの十千世界は、震え動きはげしく揺れた。また、はかりしれぬほど広大な光が、神々の輝きの力を圧倒して、世間に現われた。

そのとき世尊は感きわまりこの言葉を発した。「ああコンダンニャはさとった、ああコンダンニャはさとった」と。このようにして、尊者コンダンニャには、このアンニャータ・コンダンニャ（さとったコンダンニャ）という名前ができた。

『パーリ律　大品　1・6・17-31 初転法輪』（*Vinaya-piṭaka, Mahāvagga,* 1.6.17-31 *Paṭhama-dhamma-cakka-pavattana,* vol. 1, pp. 10-12）。邦訳には、南伝第三巻律蔵三「大品」（pp. 18-22）などがある。また『相応部経典　56・11 如来所説』（*Saṃyutta Nikāya* 56.11 *Tathāgatena vutta,* vol. 5, pp. 420-424）としても伝えられている。邦訳には、櫻部建訳「はじめての説法（相応部五六・一一）」（『世界の名著1　バラモン教典　原始仏典』中央公論社 pp. 435-439）、畑昌利訳「修行完成者(1)」（『原始仏典II』相応部経典第六巻、春秋社、pp. 555-560）、南伝第十六巻下相応部経典六「如来所説(一)」（pp. 339-343）などがある。

20　来たれ比丘（パーリ律　大品　1・6・32－37）

そこで尊者アンニャータ・コンダンニャは、法を見、法を得、法を知り、法に深く入り、疑いを越え、惑いを離れ、師の教説に対して、他に依頼せず、恐れなき自信を得て、世尊にこのように言った。「尊師よ、私は世尊のもとで出家し、その認可を得んと願います」と。

「来たれ比丘」と世尊は言った。「法はよく説かれている、完全に苦しみを終わらせるために梵行を行うがよい」と。これが、その尊者にとっての〔僧伽《サンガ》に入るための〕認可であった。

そこで世尊は、その他の比丘たちに、法にもとづいた説話で、説き教えた。尊者ヴァッパと尊者バッディヤに、世尊によって法にもとづいた説話で説き教えられているうちに、浄らかで汚れのない法眼が生じた。すなわち、生起を性質とするものはすべて消滅を性質とする、と知った。

彼らは、法を見、法を得、法を知り、法に深く入り、疑いを越え、惑いを離れ、師の教説に対して、他に依頼せず、恐れなき自信を得て、世尊にこのように言った。「尊師よ、われらは世尊のもとで出家し、その認可を得んと願います」と。

「来たれ比丘ら」と世尊は言った。「法はよく説かれている、完全に苦しみを終わらせるために梵行を行うがよい」と。これが、その尊者たちにとっての〔僧伽に入るための〕認可であった。

そこで、三人の比丘たちが乞食《こつじき》に行きもらってきたもので六人が暮らし、世尊は、このようにして施食《せじき》を得て、その他の比丘たちに、法にもとづいた説話で、説き教えた。

そこで尊者マハーナーマと尊者アッサジに、世尊によって法にもとづいた説話で説き教えられているうちに、浄らかで汚れのない法眼が生じた。すなわち、生起を性質とするものはすべて消滅を性質とする、と知った。

彼らは、法を見、法を得、法を知り、法に深く入り、疑いを越え、惑いを離れ、師の教説に対して、他に依頼せず、恐れなき自信を得て、世尊にこのように言った。「尊師よ、われらは世尊のもとで出家し、その認可を得んと願います」と。

「来たれ比丘ら」と世尊は言った。「法はよく説かれている、完全に苦しみを終わらせるために梵行を行うがよい」と。これが、その尊者たちにとっての〔僧伽に入るための〕認可であった。

『パーリ律　大品　1・6・32-37 来たれ比丘』(*Vinaya-piṭaka, Mahāvagga*, 1.6.32-37 *Ehi bikkhu*, vol. 1, pp. 12-13)。邦訳には、南伝第三巻律蔵三「大品」(pp. 22-23) などがある。

21　無我の教説（パーリ律 大品 1・6・38―47）

そこで世尊は、五比丘たちに言った。

「比丘たちよ、色《しき》は自己（ātman; atta 我）ではない。比丘たちよ、もしこの色が自己であるとするなら、この色は悩みをもたらすことはないであろうし、また色に対して私の色はこのようであって、私の色はこのようであってはならないということができるであろう。しかし比丘たちよ、色は自己ではないが故に、それ故に色は悩みをもたらし、また色に対して私の色はこのようであって、私の色はこのようであってはならないということができないのである。

比丘たちよ、受《じゅ》は自己ではない。……想《そう》は自己ではない。……諸行《しょぎょう》は自己ではない。……識《しき》は自己ではない。比丘たちよ、もしこの識が自己であるとするなら、この識は悩みをもたらすことはないであろうし、また識に対して私の識はこのようであって、私の識はこのようであってはならないということができるであろう。しかし比丘たちよ、識は自己ではないが故に、それ故に識は悩みをもたらし、また識に対して私の識はこのようであって、私の識はこのようであってはならないということができないのである。」

「比丘たちよ、これをどう思うか。色は常であるか無常であるか。」「無常です、尊師よ。」「では無常なるものは、苦であるか楽であるか。」「苦です、尊師よ。」「では無常にして苦であり変化する性質のものを、これは私のものである、これは私である、これは私の自己であると見るのはふさわしいことであろうか。」「そうではありません、尊師よ。」

「受は……想は……諸行は……識は常であるか無常であるか。」「無常です、尊師よ。」「では無常なるものは、苦であるか楽であるか。」「苦です、尊師よ。」「では無常にして苦であり変化する性質のものを、これは私のものである、これは私である、これは私の自己であると見るのはふさわしいことであろうか。」「そうではありません、尊師よ。」

「比丘たちよ、それ故にここで、どんな色も、過去であれ未来であれ現在であれ、内にあれ外にあれ、粗大であれ微細であれ、劣ったものであれ上等なものであれ、遠くにあれ近くにあれ、そのすべての色を、これは私のものではない、これは私ではない、これは私の自己ではないと、このようにこれを如実に正しい慧をもって見なければならない。どんな受も……どんな想も……どんな諸行も……どんな識も、過去であれ未来であれ現在であれ、内にあれ外にあれ、粗大であれ微細であれ、劣ったものであれ上等なものであれ、遠くにあれ近くにあれ、そのすべての識を、これは私のものではない、これは私ではない、これは私の自己ではないと、このようにこれを如実に正しい慧をもって見なければならない。」

「比丘たちよ、このように見る多聞《たもん》の聖弟子《しょうでし》は、色にも厭離し、受にも厭離し、想にも厭離し、諸行にも厭離し、識にも厭離する。厭離して離欲《りよく》する。離欲した後に解脱する。解脱したときに、私は解脱したという智が生ずる。生《しょう》は尽きた、梵行《ぼんぎょう》は成就した、なすべきことはなしおわった、ふたたびこのような事態をまねくことはないと知る、と。」

このように世尊は語った。五比丘は得心して、世尊の語られたことを喜んだ。そしてまたこの教説が説かれたとき、五比丘の心は、なにものにも依ることなく、諸の漏《ろ》から解脱した。

そしてその時、世間に阿羅漢《あらかん》は六人となった。

『パーリ律 大品 1・6・38-47 無我の教説』(*Vinaya-piṭaka, Mahāvagga,* 1.6.38-47 *Anatta-dhamma-pariyāya,* vol. 1, pp. 13-14)。邦訳には、南伝第三巻律蔵三「大品」(pp. 23-26) などがある。また『相応部経典 22・59 五比丘』(*Saṃyutta Nikāya* 22.59 *Pañca,* PTS vol. 3, pp. 66-68) としても伝えられている。邦訳には、羽矢辰夫・平木光二訳「五人の修行者」(『原始仏典II』相応部経典第三巻、春秋社、pp. 112-116)、南伝第十四巻相応部経典三「五群比丘」(pp. 104-107) などがある。

22　ヤサの出家（パーリ律　大品　1・7）

さてその時、バーラーナシーに、ヤサという名の良家の子、優雅に育てられた商主の子がいた。彼には三つの邸宅があった。一つは冬の、一つは夏の、一つは雨季のために。彼は雨季の邸宅で雨季の四ヶ月、女たちだけの伎楽にとりまかれて、邸宅を下りなかった。

また、五種類の欲望の対象（五妙欲《ごみょうよく》）を与えられ、そなえて、楽しむ良家の子ヤサは、先に眠った。その後に侍女らも眠った。そして夜通し油の灯火がともされた。

また、良家の子ヤサは、先に目ざめて、自分の侍女たちが眠っているのを見た。あるものは腋《わき》に琵《び》琶《わ》を抱え、あるものは首に鼓《つづみ》をのせ、あるものは腋に太鼓を抱え、あるものは髪を乱し、あるものは涎《よだれ》を垂《た》らし、寝言を言って、墓場がそばにあるかのように思われた。それを見て、彼に危難の心が生じ、厭離へと心がさだまった。

そこで良家の子ヤサは、悲しみの声を発した。「ああ苦しい。ああ悩ましい」と。

そこで良家の子ヤサは、黄金の靴をはいて、家の門に近づいた。非人(注1)たちは門を開けた。良家の子ヤサの家を捨て家なきものとしての出発をだれも妨げることがないように、と思って。

そこで良家の子ヤサは、町の門に近づいた。非人たちは門を開けた。良家の子ヤサの家を捨て家なきものとしての出発をだれも妨げることがないように、と思って。

そこで良家の子ヤサは、イシパタナのミガダーヤに近づいた。

その時、世尊は、明け方の夜に起きて野外を逍遥していた。世尊は良家の子ヤサが遠くからやって来るのを見た。見おわって逍遥の場所から降りてきて設けられた座に坐った。

そこで良家の子ヤサは、世尊の近くで悲しみの声を発した。「ああ苦しい。ああ悩ましい」と。

そこで世尊は、良家の子ヤサにこのように言った。「ヤサ、ここは苦しみがない。ここは悩みがない。ヤサ、来て坐るがよい。あなたに法を説こう」と。

そこで良家の子ヤサは、「ここは苦しみがない。ここは悩みがない」と聞いて喜びはずみ、黄金の靴を脱いで、世尊のもとに近づいた。近づいて、世尊に挨拶し一方に坐った。

一方に坐ったヤサに、世尊は、次第説法《しだいせっぽう》を説いた。それは例えば、布施の話、戒の話、天の話、諸欲の対象についての危難と低劣と汚れ、離世間《りせけん》の勝れていることを説き明かした。

世尊は、良家の子ヤサの心が、調い、柔らかくなり、障りがなく、高揚し、澄み切ったのを知って、そのときに、諸仏の最勝法説《さいしょうほうせつ》(注2)である、苦集滅道《くじゅうめつどう》を説いた。

それは例えば浄らかで汚れのない布がまったく染料に染まってしまうように、それと同様に、良家の子ヤサに、ただちにその座において、浄《きよ》らかで汚《よご》れのない法眼《ほうげん》が生じた。すなわち、生起《しょうき》を性質とするものはすべて消滅《しょうめつ》を性質とする、と知った。

さて、良家の子ヤサの母は、彼の邸宅にあがり、良家の子ヤサが見えないので、商主の家長のもとに行った。そこに行って商主の家長にこのように言った。「家長よ、あなたの息子ヤサが見えない」と。

そこで商主の家長は、馬で使者を四方に走らせ、自らはイシパタナのミガダーヤに近づいた。商主の家長は、黄金の靴の跡を見た。見おわって、そのあとを追って行った。

そこで世尊は、商主の家長が遠くからやって来るのを見た。見おわって世尊はこのように思った。「いま私は、ここに坐った商主の家主がここに坐っている良家の子ヤサを見ることができないようなそんな神変《じんぺん》効果をなすことにしよう」と。

そこで世尊は、そのような神変効果をなした。

そこで商主の家長は世尊のもとに近づいた。近づいて、世尊にこのように言った。「尊者よ、世尊は良家の子ヤサを見たであろうか」と。

「家長よ、そこに坐るがよい。あなたがここに坐れば、きっと、ここに坐っている良家の子ヤサを見るであろう」と。

そこで商主の家長は、「私がここに坐れば、ここに坐っている良家の子ヤサを見る」と聞いて喜びはずみ、世尊に挨拶して一方に坐った。

一方に坐った商主の家長に、世尊は、次第説法を説いた。それは例えば、布施の話、戒の話、天の話、諸欲の対象についての危難と低劣と汚れ、離世間の勝れていることを説き明かした。

世尊は、商主の家長の心が、調い、柔らかくなり、障りがなく、高揚し、澄み切ったのを知って、そのときに、諸仏の最勝法説である、苦集滅道を説いた。

それは例えば、浄らかで汚れのない布がまったく染料に染まってしまうように、それと同様に、商主の家長に、ただちにその座において、浄らかな汚れのない法眼が生じた。すなわち、生起を性質とするものはすべて消滅を性質とする、と知った。

彼は、法を見、法を得、法を知り、法に深く入り、疑いを越え、惑いを離れ、師の教説に対して、他に依頼せず、恐れなき自信を得て、世尊にこのように言った。

「尊師よ、すばらしいことです。尊師よ、すばらしいことです。尊師よ、あたかも倒れたものを起こすように、また覆われたものの覆いを除くように、また迷ったものに道を示すように、また眼あるものは形を見るであろうと暗闇に灯火をかかげるように、このようにさまざまな仕方で、世尊によって法は明らかにされた。尊師よ、このわたしは世尊に帰依《きえ》いたします。また法と比丘僧伽《びくサンガ》に帰依いたします。世尊は、わたしを、今日より命の限り帰依したウパーサカ（優婆塞《うばそく》）として受け入れてくださいますように」と。

彼は、世間で、三帰依《さんきえ》をした最初のウパーサカとなった。

その時、父に法が教説されているとき、見たまま知ったままの境地を知見した良家の子ヤサの心は、なにものにも依ることなく、諸の漏《ろ》から解脱した。

そこで世尊はこのように思った。「父に法が教説されているとき、見たまま知ったままの境地を知見した良家の子ヤサの心は、なにものにも依ることなく、諸の漏から解脱した。良家の子ヤサが、俗劣な生活に戻って、たとえば前の家庭生活者となって、諸の欲を享受することはできない。いま私はこの神変効果をやめたらどうだろうか」と。

そこで世尊はその神変効果をやめた。

商主の家長は、良家の子ヤサが坐っているのを見た。見おわって、良家の子ヤサにこのように言った。「おまえ、ヤサよ、あなたの母は悲歎でいっぱいだ。母に寿命を与えよ」と。

そこで良家の子ヤサは、世尊のほうを見た。

そこで世尊は商主の家長に言った。「家長よ、これをどう思うか。ヤサには、有学《うがく》の智、有学の見によって、法が見られた。ちょうどあなたがそうであるように。見たまま知ったままの境地を知見した彼の心は、なにものにも依ることなく、諸の漏から解脱した。家長よ、良家の子ヤサが、俗劣な生活に戻って、たとえば前の家庭生活者となって、諸の欲を享受することはできるだろうか。」

「尊師よ、そうではありません。」

「家長よ、良家の子ヤサには、有学の智、有学の見によって、法が見られた。ちょうどあなたがそうであるように。見たまま知ったままの境地を知見した彼の心は、なにものにも依ることなく、諸の漏から解脱した。家長よ、良家の子ヤサが、俗劣な生活に戻って、たとえば前の家庭生活者となって、諸の欲を享受することはできない。」

「尊師よ、良家の子ヤサにとっては利得です。尊師よ、良家の子ヤサにとってはすばらしい利得です。良家の子ヤサの心は、なにものにも依ることなく、諸の漏から解脱したのですから。尊師よ、世尊は、今日、良家の子ヤサを随行沙門《ずいこうしゃもん》として、食事を受けてくださいますように。」

世尊は、沈黙をもって了承した。

そこで商主の家長は、世尊の了承を知って、座から起ち、世尊に挨拶して、右回りをして去って行った。

そこで良家の子ヤサは、商主の家長が去ってまもなく、世尊にこのように言った。「尊師よ、私は世尊のもとで出家し、その認可を得んと願います」と。

「来たれ比丘」と世尊は言った。「法はよく説かれている、完全に苦しみを終わらせるために梵行を行うがよい」と。これが、その尊者にとっての〔僧伽に入るための〕認可であった。

そしてその時、世間に阿羅漢は七人となった。

ヤサの出家〔の話〕が終わった。

『パーリ律　大品　1・7 ヤサの出家』（*Vinaya-piṭaka, Mahāvagga*, 1.7.1-15 *Yasa-pabbajjā*, vol. 1, pp. 15-18）。邦訳には、南伝第三巻律蔵三「大品」（pp. 26-32）などがある。

（注1）「非人」は、amanussa の訳である。「人間ではないもの」すなわち夜叉（yakkha）などの鬼神を意味している。

（注2）「諸仏の最勝法説」とは苦集滅道の四聖諦の教説をいう。『五分律』や『仏本行集経』にも同様な表現がある。『五分律』（大正蔵22, 105b）「諸仏の常に説法したまう所は、謂う所の苦集尽道なり」。『仏本行集経』（大正蔵3, 817c, 819a）。

23　最初のウパーシカー（パーリ律　大品　1・8）

そこで世尊は、午前に、下衣を着け、上衣と鉢をとって、尊者ヤサを随行沙門として、商主の家長の家に近づいた。近づいて設けられた座に坐った。

そこで尊者ヤサの母と前の妻とは、世尊のもとに近づいた。近づいて世尊に挨拶して一方に坐った。

彼女たちに、世尊は、次第説法を説いた。それは例えば、布施の話、戒の話、天の話、諸欲の対象についての危難と低劣と汚れ、離世間の勝れていることを説き明かした。

世尊は、彼女たちの心が、調い、柔らかくなり、障りがなく、高揚し、澄み切ったのを知って、そのときに、諸仏の最勝法説である、苦集滅道を説いた。

それは例えば浄らかで汚れのない布がまったく染料に染まってしまうように、それと同様に、彼女たちに、ただちにその座において、浄らかで汚れのない法眼が生じた。すなわち、生起を性質とするものはすべて消滅を性質とする、と知った。

彼女たちは、法を見、法を得、法を知り、法に深く入り、疑いを越え、惑いを離れ、師の教説に対して、他に依頼せず、恐れなき自信を得て、世尊にこのように言った。

「尊師よ、すばらしいことです。尊師よ、すばらしいことです。尊師よ、あたかも倒れたものを起こすように、また覆われたものの覆いを除くように、また迷ったものに道を示すように、また眼あるものは形を見るであろうと暗闇に灯火をかかげるように、このようにさまざまな仕方で、世尊によって法は明らかにされた。尊師よ、このわたしたちは世尊に帰依いたします。また法と比丘僧伽に帰依いたします。世尊は、わたしたちを、今日より命の限り帰依したウパーシカー（優婆夷《うばい》）として受け入れてくださいますように」と。

彼女たちは、世間で、三帰依をした最初のウパーシカーとなった。

そこで尊者ヤサの母と父と前の妻とは、世尊と尊者ヤサに、硬いものや軟らかい上等の食べ物をもって、自らの手で、喜ばせ、給仕し、世尊が食べ終わって器から手を引いたので、一方に坐った。

そこで世尊は、尊者ヤサの母と父と前の妻に、法話を説いて、励まし、勇気づけ、喜ばせて、座を起ち去って行った。

『パーリ律 大品 1・8 最初のウパーシカー』（*Vinaya-piṭaka, Mahāvagga*, 1.8 *Paṭhamaṃ upāsikā*, vol. 1, p. 18）。邦訳には、南伝第三巻律蔵三「大品」（pp. 32-33）などがある。

24 ヤサの友人たちの出家（パーリ律 大品 1・9）

尊者ヤサに、バーラーナシーの富裕な商人の家系の息子たちである、ヴィマラ、スバーフ、プンナジ、ガヴァンパティという、四人の在家の友人がいた。彼らは、「良家の子ヤサが、髪と鬚を剃り袈《け》裟《さ》衣《え》をまとって家を出て家なきものとして歩み出した」と聞いた。聞きおわって、彼らはこのように思った。「良家の子ヤサが髪と鬚を剃り袈裟衣をまとって家を出て家なきものとして歩み出したという、その法と律は決して劣ったものではないし、その出家は劣ったものではない」と。

その四人は、尊者ヤサのもとに近づいた。近づいて、尊者ヤサに挨拶して一方に坐った。そこで尊者ヤサは、その四人の在家の友人を連れて、世尊のもとに近づいた。近づいて、世尊に挨拶し一方に坐った。

一方に坐った尊者ヤサは、世尊にこのように言った。「尊師よ、この四人の在家の友人は、バーラーナシーの富裕な商人の家系の息子たちであり、ヴィマラ、スバーフ、プンナジ、ガヴァンパティです。世尊よ、この四人に、教誡し教説してくださいますように」と。

彼らに、世尊は、次第説法を説いた。それは例えば、布施の話、戒の話、天の話、諸欲の対象についての危難と低劣と汚れ、離世間の勝れていることを説き明かした。

世尊は、彼らの心が、調い、柔らかくなり、障りがなく、高揚し、澄み切ったのを知って、そのときに、諸仏の最勝法説である、苦集滅道を説いた。

それは例えば浄らかで汚れのない布がまったく染料に染まってしまうように、それと同様に、彼らに、ただちにその座において、浄らかで汚れのない法眼が生じた。すなわち、生起を性質とするものはすべて消滅を性質とする、と知った。

彼らは、法を見、法を得、法を知り、法に深く入り、疑いを越え、惑いを離れ、師の教説に対して、他に依頼せず、恐れなき自信を得て、世尊にこのように言った。「尊師よ、われらは世尊のもとで出家し、その認可を得んと願います」と。

「来たれ比丘」と世尊は言った。「法はよく説かれている、完全に苦しみを終わらせるために梵行を行うがよい」と。これが、その尊者たちにとっての〔僧伽に入るための〕認可であった。

そこで世尊は、その比丘たちに、法話をもって教誡し教説した。世尊が法話をもって教誡し教説しているときに、彼らの心は、なにものにも依ることなく、諸の漏から解脱した。

そしてその時、世間に阿羅漢は十一人となった。
四人の在家者の出家〔の話〕が終わった。

『パーリ律　大品　1・9 四人の在家者の出家』（*Vinaya-piṭaka, Mahāvagga, 1.9 Catugihi-pabbajjā*, vol. 1, pp. 18-19）。邦訳には、南伝第三巻律蔵三「大品」（pp. 33-35）などがある。

25　五十人の在家の友人たちの出家（パーリ律　大品　1・10）

尊者ヤサに、その国のそれぞれの富裕な商人の家系の息子たちである五十人の在家の友人がいた。彼らは、「良家の子ヤサが、髪と鬚を剃り袈裟衣をまとって家を出て家なきものとして歩み出した」と聞いた。

聞きおわって、彼らはこのように思った。「良家の子ヤサが髪と鬚を剃り袈裟衣をまとって家を出て家なきものとして歩み出したという、その法と律は決して劣ったものではないし、その出家は劣ったものではない」と。

彼らは、尊者ヤサのもとに近づいた。近づいて、尊者ヤサに挨拶して一方に坐った。そこで尊者ヤサは、その五十人の在家の友人を連れて、世尊のもとに近づいた。近づいて、世尊に挨拶し一方に坐った。

一方に坐った尊者ヤサは、世尊にこのように言った。「尊師よ、この五十人の在家の友人は、この国のそれぞれの富裕な商人の家系の息子たちです。世尊よ、このものたちに、教誡し教説してくださいますように」と。

彼らに、世尊は、次第説法を説いた。それは例えば、布施の話、戒の話、天の話、諸欲の対象についての危難と低劣と汚れ、離世間の勝れていることを説き明かした。

世尊は、彼らの心が、調い、柔らかくなり、障りがなく、高揚し、澄み切ったのを知って、そのときに、諸仏の最勝法説である、苦集滅道を説いた。

それは例えば浄らかで汚れのない布がまったく染料に染まってしまうように、それと同様に、彼らに、ただちにその座において、浄らかで汚れのない法眼が生じた。すなわち、生起を性質とするものはすべて消滅を性質とする、と知った。

彼らは、法を見、法を得、法を知り、法に深く入り、疑いを越え、惑いを離れ、師の教説に対して、他に依頼せず、恐れなき自信を得て、世尊にこのように言った。「尊師よ、われらは世尊のもとで出家し、その認可を得んと願います」と。

「来たれ比丘」と世尊は言った。「法はよく説かれている、完全に苦しみを終わらせるために梵行を行うがよい」と。これが、その尊者たちにとっての〔僧伽に入るための〕認可であった。

そこで世尊は、その比丘たちに、法話をもって教誡し教説した。世尊が法話をもって教誡し教説しているときに、彼らの心は、なにものにも依ることなく、諸の漏から解脱した。

そしてその時、世間に阿羅漢は六十一人となった。

『パーリ律　大品　1・10　五十人の在家の友人たちの出家』（*Vinaya-piṭaka, Mahāvagga,* 1.10 *Paññāsamatta-gihi-sahāyaka-pabbajjā,* vol. 1, pp. 18-19）。邦訳には、南伝第三巻律蔵三「大品」（pp. 35-37）などがある。

26　遊行の開始と悪魔の話（パーリ律　大品　1・11–13）

そこで世尊はこのように語った。

「比丘たちよ、私は、神々のわな縄（わなのなわ）からも人間のわな縄からも、すべてのわな縄から解き放たれた。比丘たちよ、汝らもまた、神々のわな縄からも人間のわな縄からも、すべてのわな縄から解き放たれた。比丘たちよ、多くの人びとの利益のため、多くの人びとの幸せのため、世間への慈しみのため、神々や人びとに良きことのため、利益のため、幸せのために、遊行するがよい。二人が一つの道を行ってはならない。

比丘たちよ、初め善く、中も善く、終わりも善く、適切な意味で言葉を尽くして、法を説くがよい。まったく十全で浄らかな梵行を明らかにするがよい。汚れの少ない衆生がいる。法を聴聞しなければ退失するが、法を了解するものとなるだろう。比丘たちよ、私もまた、法を教説するために、ウルヴェーラーのセーナー村に行こう」と。

そこで悪魔パーピマンは世尊のもとに近づいた。近づいて、世尊に偈頌をもって語った。

（悪魔）

あなたは、神々のわな縄でも人間のわな縄でも、あらゆるわな縄で、縛られている。あなたは大いなる束縛で縛られている。沙門よ、あなたは私から逃れられない。

（世尊）

私は、神々のわな縄からも人間のわな縄からも、あらゆるわな縄から解き放たれた。私は大いなる束縛から解き放たれた。死魔よ、汝は敗れたのだ。

（悪魔）

この意欲が、虚空を翔《かけ》るわな縄となって走り行く。私はこれであなたを縛ろう。沙門よ、あなたは私から逃れられない。

（世尊）

諸の色、声、味、香、感触は、心を楽しませる。私はこられに対する欲望が消えている。死魔よ、汝は敗れたのだ。

そこで悪魔パーピマンは、「世尊は私を知っている。世尊は私を知っている」と、苦しみ憂えて、その場から消えた。

悪魔の話が終わった。

『パーリ律 大品 1・11 悪魔の話』（*Vinaya-piṭaka, Mahāvagga*, 1.11 *Māra-kathā*, vol. 1, pp. 20-21）。

邦訳には、南伝第三巻律蔵三「大品」（pp. 37-38）などがある。

——解説——

釈尊は、比丘たちに、遊行を開始するよう宣言した。そして釈尊は、今後、僧伽に入ることを求めるものたちが、いろんな土地で出てくるであろうことを思って、それぞれの土地でそれぞれの比丘たちによって僧伽に入るための認可が与えられるようにした。そしてその認可の条件が「三帰依」であった。以下に引くパーリ律「大品」（1・12）は、その間の経緯を伝えている。

さてその時に、比丘たちは、いろいろな方角から、いろいろな土地から、出家を望みまた僧伽に入る許可を望むものたちを、「世尊は、彼らを出家させ僧伽に入ることを許可してくださいますように」

と思って、連れてきた。そこで、比丘たちも、出家や僧伽に入る許可を望むものたちも、疲れ果てた。

そのとき、一人静かに坐っていた世尊の心に、このような思いが起こった。

いま、比丘たちは、いろいろな方角から、いろいろな土地から、出家を望みまた僧伽に入る許可を望むものたちを、「世尊は、彼らを出家させ僧伽に入ることを許可してくださいますように」と思って、連れてきた。そこで、比丘たちも、出家や僧伽に入る許可を望むものたちも、疲れ果てている。いま私は、比丘たちに、許すことにしよう、「比丘たちよ、いまから、汝ら自身が、それぞれの方角で、それぞれの土地で、出家させ、僧伽に入ることを許可するがいい」と言って。

そこで世尊は、夕方静坐より起ち、この理由で、この機会に、比丘僧を集まらせて、法話をして、比丘たちに語った。

比丘たちよ、いま私が一人静かに坐っているとき、心にこのような思いが起こった。

いま、比丘たちは、いろいろな方角から、いろいろな土地から、出家を望みまた僧伽に入る許可を望むものたちを、「世尊は、彼らを出家させ僧伽に入ることを許可してくださいますように」と思って、連れてきた。そこで、比丘たちも、出家や僧伽に入る許可を望むものたちも、疲れ果てている。いま私は、比丘たちに、許すことにしよう、「比丘たちよ、いまから、汝ら自身が、それぞれの方角で、それぞれの土地で、出家させ、僧伽に入ることを許可するがいい」と言って。

比丘たちよ、私は許すことにする、いまから、汝ら自身が、それぞれの方角で、それぞれの土地で、出家させ、僧伽に入ることを許可するがいい。そして、比丘たちよ、このようにして出家させ、僧伽に入ることを許可させなさい。まずはじめに、髪と鬚を剃り、袈裟衣をまとって、上衣を偏袒《へんだん》（衣の右肩をはだぬぐこと）させ、比丘たちの足を礼拝させ、蹲踞《そんきょ》して合掌させ、「このように唱えよ」と言いなさい。

「仏に帰依します。法に帰依します。僧に帰依します。二度めに仏に帰依します。二度めに法に帰依します。二度めに僧に帰依します。三度めに仏に帰依します。三度めに法に帰依します。三度めに僧に帰依します」と。

比丘たちよ、この三帰依をもって、出家し僧伽に入ることを許可することになると、私は認めましょう。三帰依によって僧伽に入ることの認可の話が終わった。

『パーリ律　大品　1・12三帰依による認可』（*Vinaya-pitaka, Mahāvagga,* 1.12 *Tīhi saraṇa-gamanehi upasampadā-kathā,* vol. 1, pp. 20-21）。邦訳には、南伝第三巻律蔵三「大品」（pp. 39-40）などがある。

◆以下に引くパーリ律「大品」（1・13）は、無上の解脱を達成するように比丘たちを励ます釈尊の言葉を伝え、そして悪魔との対話のエピソードを通して、釈尊があらゆる束縛から解放されていることを物語っている。

そこで世尊は、雨安居を過ごして、比丘たちに語った。「比丘たちよ、私に、適切な作意と適切な努力によって、無上の解脱が得られ、無上の解脱が実現した。比丘たちよ、あなたがたもまた、適切な作意と適切な努力によって、無上の解脱を得て、無上の解脱を実現するがよい」と。

そこで悪魔パーピマンは世尊のもとに近づいた。近づいて、世尊に偈頌をもって語った。

（悪魔）

あなたは、神々のわな縄でも人間のわな縄でも、魔のわな縄で縛られている。あなたは魔の束縛で縛られている。沙門よ、あなたは私から逃れられない。

（世尊）

私は、神々のわな縄からも人間のわな縄からも、魔のわな縄から解き放たれた。私は魔の束縛から解き放たれた。死魔よ、汝は敗れたのだ。

そこで悪魔パーピマンは、「世尊は私を知っている。世尊は私を知っている」と、苦しみ憂えて、その場から消えた。

『パーリ律 大品 1・13』（*Vinaya-piṭaka, Mahāvagga,* 1.13, vol. 1, p. 22）。邦訳には、南伝第三巻律蔵三「大品」（pp. 40-41）などがある。

27　地位ある友人たちのこと（パーリ律　大品　1・14）

そこで世尊は、バーラーナシーで好きなだけ住したあとで、ウルヴェーラーに向かって遊行に出た。それから世尊は、道をそれて、ある深い木立に近づいた。近づいて、その深い木立の中に入って、ある樹の根に坐った。

そのとき、地位ある友人たち三十人が、妻を連れて、その深い木立で楽しんでいた。一人だけ妻がいなかったので、彼のために娼婦が連れてこられた。そこでその娼婦は、かれらが夢中で楽しんでいるとき、〔彼の〕財貨を取って逃げ去った。

そこでその友人たちは、その友を助けようと、その女を探して、その木立の中をあちこち歩きまわっていると、ある樹の根もとに坐っている世尊を見た。見おわって、世尊のもとに近づいた。近づいて、世尊にこのように言った。「尊師よ、世尊は一人の女を見たでしょうか」と。

「若者たちよ、その女に何の用があるのか」と。

「尊師よ、われら地位ある友人たち三十人は、妻を連れて、この深い木立で楽しんでいた。一人だけ妻がいなかったので、彼のために娼婦が連れてこられた。尊師よ、そこでその娼婦は、われらが夢中で楽しんでいるとき、〔彼の〕財貨を取って逃げ去った。尊師よ、だからわれら友人たちは、その友を助けようと、その女を探して、この木立の中をあちこち歩きまわっているのです」と。

「若者たちよ、汝らはこれをどう思うか。女を探し求めることと、自己を探し求めることと、汝らにとってどちらが大事なことか」と。

「尊師よ、われらの自己を探し求めることこそが、われらにとって大事です」と。

「若者たちよ、では坐るがよい。汝らに法を説こう」と。「尊師よ、わかりました」といって、その地位ある友人たちは、世尊に挨拶して、一方に坐った。

彼らに、世尊は、次第説法を説いた。それは例えば、布施の話、戒の話、天の話、諸欲の対象についての危難と低劣と汚れ、離世間の勝れていることを説き明かした。

世尊は、彼らの心が、調い、柔らかくなり、障りがなく、高揚し、澄み切ったのを知って、そのときに、諸仏の最勝法説である、苦集滅道を説いた。

それは例えば浄らかで汚れのない布がまったく染料に染まってしまうように、まったく同様に、彼らに、ただちにその座において、浄らかで汚れのない法眼が生じた。すなわち、生起を性質とするものはすべて消滅を性質とする、と知った。

彼らは、法を見、法を得、法を知り、法に深く入り、疑いを越え、惑いを離れ、師の教説に対して、他に依頼せず、恐れなき自信を得て、世尊にこのように言った。「尊師よ、われらは世尊のもとで出家し、その認可を得んと願います」と。

「来たれ比丘」と世尊は言った。「法はよく説かれている、完全に苦しみを終わらせるために梵行を行うがよい」と。これが、その尊者たちにとっての〔僧伽に入るための〕認可であった。

地位ある友人たちのことが終わった。

第二誦品終わる。

『パーリ律 大品 1・14 地位ある友人たちのこと』（*Vinaya-piṭaka, Mahāvagga,* 1.14 *Bhadda-vaggiya-sahāyakānaṃ vatthuṃ,* vol. 1, pp. 23-24）。邦訳には、南伝第三巻律蔵三「大品」（pp. 42-43）などがある。

28 ウルヴェーラーの神変（パーリ律 大品 1・15–21）

――解説――

ガヤーの近郊に、ウルヴェーラ・カッサパ（優樓頻螺迦葉《うるびんらかしょう》）、ナディー・カッサパ（那提迦葉《なだいかしょう》）、ガヤー・カッサパ（伽耶迦葉《がやかしょう》）という結髪《けっぱつ》の三兄弟（三迦葉《さんかしょう》）がいた。それぞれが、五百と三百と百の結髪の行者たちの師であった。かれらは、火を焚き修行していた。そこで釈尊は、自分を阿羅漢と思い込んでいる長兄のウルヴェーラ・カッサパに種々の神変を示して教化した。兄が釈尊に帰依したので、弟たちも帰依し、合わせて千人にもなる弟子ができることになった。この三迦葉の教化の物語は、レリーフ（浮彫図）にもなって、よく語り伝えられたものと思われる。この物語は非常に長いので、ここでは訳文を省くことにした。

『パーリ律 大品 1・15-20 ウルヴェーラの神変』（*Vinaya-piṭaka, Mahāvagga,* 1.15-20 *Uruvela-pāṭihāriyaṃ,* vol. 1, pp. 24-34）。邦訳には、南伝第三巻律蔵三「大品」（pp. 44-61）などがある。

神変についての補説

並の人間の力を超えた不思議な能力を神通力《じんつうりき》という。一人が多数になり、壁や山を通りぬけ、地面の中から出たり入ったりし、水面を歩き、足を組んだままで鳥のように空中を飛び、月や太陽を手でさわりなでるといったものである。こういう神通力によって人々を驚かせることを、神変《じんぺん》ともいった。ウルヴェーラーのカッサパに対して示した数々の神変は、自分は阿羅漢であると思い込んでいるカッサパの増上慢《ぞうじょうまん》を打ち砕いて教化するためのものであった。

しかし、釈尊が神変を示すのは、阿含経の中にはほとんど見られず、この個所に限られると言ってもいい。しばしば町の人々や仏弟子たちが、釈尊に神変を示してくださいとたのんでいるが、それをみな断わっている。そんな理由で釈尊のもとを去った仏弟子もいた。

六通といわれるものがある。神通（神足通《じんそくつう》ともいう）、天眼通《てんげんつう》（遠くまで見る力）、天耳通《てんにつう》（あらゆる声を聞く力）、他心通《たしんつう》（人の心を知る力）、宿命通《しゅくみょうつう》（過去の生涯をことごとく知る力）、漏尽通《ろじんつう》（すべての煩悩を断尽する智の力）である。この通（abhijñā）というのはある種の智である。いずれも三昧の中の智によって達成される能力である。

前の五通は世間の人びともつことができるといわれるが、漏尽通は阿羅漢（仏道を成就したもの）や仏陀にのみあるとされる。

この中の、神通と他心通と漏尽通によって、奇跡を現わし示すことができる。奇跡は、人びとをおどろかせ心を奪うから「驚異」（**prātihārya**）である。教化の方法と解して「示導《じどう》」と漢訳されている。神通力の驚異（神変示導《じんぺんじどう》）、他心通の驚異（記心示導《きしんじどう》。人の心を知って言い当てること）、説教の驚異（教誡示導《きょうかいじどう》）の三つがある。神変や記心の驚異は、仏教外の呪術によっても実現できると考えられている。だから釈尊は、神変や記心の驚異に危うさを見て、それらの驚異を悩ましく、恥ずかしいと思い、厭わしいものと見なしている。それらによって苦の消滅はもたらされることがなく、説教の驚異のみがそれを達成するからである。

たしかに神通力は驚異であるだろう。しかし仙人がその神通力を失ったらもはやただの人にすぎない。それよりも、ただの人がそのままに歩み出すことのできる道が説き示されるなら、それこそが驚異ではないだろうか。しかも、説き示されたその道を歩む人が、多くて数百にもなり、多くて数千にもなり、多くて数万にもなるとしたら、これも驚異であり奇跡であるといえよう。

〔燃える法門〕（パーリ律 大品 1・21）

それから世尊は、ウルヴェーラーに気の趣くまま住《とど》まって、ガヤーシーサ（伽耶山《がやせん》または象頭山《ぞうずせん》）

の方に向かって、すべてかつては結髪《けっぱつ》であった一千の比丘からなる大比丘僧とともに、遊行に出た。そこで世尊は、ガヤーの近くのガヤーシーサに一千の比丘たちとともに住まった。

そこで世尊は、比丘たちに語った。

「比丘たちよ、一切が燃えている。比丘たちよ、一切が燃えているとはどういうことか。眼《げん》が燃えている。色《しき》が燃えている。眼識《げんしき》が燃えている。眼との接触が燃えている。眼との接触によって生ずる受《じゅ》も、楽であれ、苦であれ、不苦不楽であれ、燃えている。何によって燃えているのか。貪欲《とんよく》の火によって、瞋恚《しんに》の火によって、愚癡《ぐち》の火によって燃えている。生・老・死・憂い・悲しみ・苦しみ・悩み・不安によって燃えている、と私は説く。

耳《に》が燃えている、声《しょう》が燃えている、鼻《び》が燃えている、香《こう》が燃えている、舌《ぜつ》が燃えている、味《み》が燃えている、身《しん》が燃えている、触《そく》が燃えている。意《い》が燃えている。法《ほう》が燃えている。意識《いしき》が燃えている。意との接触が燃えている。意との接触によって生ずる受も、楽であれ、苦であれ、不苦不楽であれ、燃えている。何によって燃えているのか。貪欲の火によって、瞋恚の火によって、愚癡の火によって燃えている。生・老・死・憂い・悲しみ・苦しみ・悩み・不安によって燃えている、と私は説く。

比丘たちよ、このように見る多聞の聖なる弟子は、眼において厭離《おんり》し、色において厭離し、眼識において厭離し、眼との接触において厭離し、眼との接触によって生ずる受においても、楽であれ、苦であれ、不苦不楽であれ、厭離する。

耳において厭離し、声において厭離し、鼻において厭離し、香において厭離し、舌において厭離し、味において厭離し、身において厭離し、触において厭離する。意において厭離する。法において厭離する。意識において厭離する。意との接触において厭離する。意との接触によって生ずる受においても、楽であれ、苦であれ、不苦不楽であれ、厭離する。

厭離して離欲する。離欲して解脱する。解脱したときに「われは解脱した」という智が生ずる。「生《しょう》はすでに尽《つ》き、梵行《ぼんぎょう》（仏道）はすでに成就した。なすべきことはなしおわった、ふたたびこのような事態をまねくことはない」と知る、と。

そしてまたこの教説が説かれたとき、その一千の比丘たちの心は、なにものにも依ることなく、諸の漏《ろ》から解脱した。

燃える法門が終わった。

ウルヴェーラの神変という第三誦品が終わる。

『パーリ律 大品 1・21 燃える法門』（*Vinaya-piṭaka, Mahāvagga,* 1.21 *Āditta-pariyāyaṃ,* vol. 1, pp. 34-35）。邦訳には、南伝第三巻律蔵三「大品」（pp. 61-63）などがある。また『相応部経典 35・28 燃えている』（*Saṃyutta Nikāya* 35.28 *Āditta,* vol. 4, p. 19）としても伝えられている。邦訳には、服部育郎・新田智通訳「燃えている」（『原始仏典Ⅱ』相応部経典第四巻、春秋社、pp. 41-44）、南伝第十五巻相応部経典四「燃焼」（pp. 32-33）などがある。

29　マガダの王ビンビサーラの帰依（パーリ律　大品　1・22）

さて、世尊は、ガヤーシーサで好きなだけ住したあとで、みな以前は結髪の行者であった千人の比丘からなる大比丘僧伽とともに、ラージャガハ（王舎城《おうしゃじょう》）に向かって遊行に出た。そこで世尊は、次第に遊行しながら、ラージャガハに着いた。そのラージャガハで、世尊は、ラッティヴァナ園のスパティッター廟《びょう》に住まった。

マガダ国のセーニヤ・ビンビサーラ王（頻婆娑羅王《びんばしゃらおう》）は聞いた。

「釈迦族より出家し釈迦族の子である沙門ゴータマは、ラージャガハに到着し、ラージャガハで、ラッティヴァナ園のスパティッター廟に住まっている。その世尊ゴータマに、このような善き名声があがっている。

実に彼の世尊は、阿羅漢《あらかん》、正覚者《しょうがくしゃ》、明行足《みょうぎょうそく》、善逝《ぜんぜい》、世間解《せけんげ》、無上士《むじょうし》、調御丈夫《じょうごじょうぶ》、天人師《てんにんし》、仏《ぶつ》、世尊《せそん》である。彼は、天や魔やブラフマンの世界をふくむこの世界を、そして沙門ブラーフマナや神や人をふくむ生命あるものを、自ら知り、直証して、説き示す。彼は、初め善く、中も善く、終わりも善く、適切な意味で言葉を尽くして、法を説く。まったく十全で浄らかな梵行を明らかにする。

このような阿羅漢にお会いすることはまことにすばらしいことだ」と。

そこで、マガダ国のセーニヤ・ビンビサーラ王は、十二ナフタ（十二千億）のマガダ国のブラーフマナと家長たちに囲まれて、世尊のところに近づいた。近づいて、世尊に挨拶して一方に坐った。彼ら十二ナフタのマガダ国のブラーフマナと家長たちも、あるものたちは世尊に挨拶して一方に坐り、あるものたちは世尊と親しく挨拶し、親しく恭《うやうや》しい言葉を交わして一方に坐り、あるものたちは世尊のおられる方に向かって合掌礼拝して一方に坐り、あるものたちは世尊のそばで姓名を告げて一方に坐り、あるものたちは黙って一方に坐った。

そこで、その十二ナフタのマガダ国のブラーフマナと家長たちに、このような思いが生じた。大沙門はウルヴェーラカッサパのもとで梵行《ぼんぎょう》を行っているのか、それともウルヴェーラカッサパが大沙門のもとで梵行を行なっているのか、と。

そこで、世尊は、その十二ナフタのマガダ国のブラーフマナと家長たちの心に思うところを、心で知って、長老ウルヴェーラカッサパに、詩頌で語った。

（世尊）

ウルヴェーラの住人よ、痩《や》せたと呼ばれる汝は、何を見て、火を捨てたのか。カッサパよ、

私は汝に、このことを問う。

（カッサパ）

供物を捧げる祭式は、色、声、味、欲、女たちを約束する。執着の対象について「これは汚れている」と知って、それ故、私は、捧げること、供えることを楽しまない。

（世尊）

カッサパよ、汝の心は、これら、色、声、味を楽しまない。それでは、カッサパよ、神々と人間の世界において、何を、心は楽しみとしているのか。それを私に言ってください。

（カッサパ）

執着の対象がなく、所有されるもの何もなく、欲望と境涯への執着なく、変化することなく、他のものへともたらされることもない、静寂な境地を見たので、それ故、私は、捧げること、供えることを楽しまない。

そこで、長老ウルヴェーラカッサパは、座から起って、上衣を偏袒《へんだん》にし、世尊の両足に頭面《ずめん》を着け、世尊にこのように言った。「尊師よ、世尊は私の師であります。私は弟子です。尊師よ、世尊は私の師であります。私は弟子です」と。

そこで、その十二ナフタのマガダ国のブラーフマナと家長たちに、このような思いが生じた。ウルヴェーラカッサパが、大沙門のもとで梵行を行っているのだ、と。

そこで世尊は、その十二ナフタのマガダ国のブラーフマナと家長たちの心に思うところを、心で知って、次第説法を説いた。それは例えば、布施の話、戒の話、天の話、諸欲の対象についての危難と低劣と汚れ、離世間の勝れていることを説き明かした。

世尊は、彼らの心が、調い、柔らかくなり、障りがなく、高揚し、澄み切ったのを知って、そのときに、諸仏の最勝法説である、苦集滅道を説いた。

それは例えば浄らかで汚れのない布がまったく染料に染まってしまうように、それと同様に、ビンビサーラを上首とする十二ナフタのマガダ国のブラーフマナと家長たちに、ただちにその座において、浄らかで汚れのない法眼が生じた。すなわち、生起を性質とするものはすべて消滅を性質とする、と知った。一ナフタ（一千億）の人びとは、ウパーサカになることを表明した。

そこでマガダの王セーニヤ・ビンビサーラは、法を見、法を得、法を知り、法に深く入り、疑いを越え、惑いを離れ、師の教説に対して、他に依頼せず、恐れなき自信を得て、世尊にこのように言った。

「尊師よ、かつて私が若かったときに五つの願いがありました。それらが私にいま叶いました。尊師よ、かつて私が若かったときに、このように思いました。「私を王位に即《つ》けることになるように」と。尊師よ、これが私の第一の願いでした。それが私にいま叶ったのです。「そしてその私の領土に、阿羅漢・正覚者がやって来るように」と。尊師よ、これが私の第二の願いでした。それが私にいま叶ったのです。「そして私がその世尊にお仕えできますように」と。尊師よ、これが私の第三の願いでした。それが私にいま叶ったのです。「そして世尊が私に法をお説きくださいますように」と。尊師よ、これが私の第四の願いでした。それが私にいま叶ったのです。「そしてその私が、世尊の法を了解することができますように」と。尊師よ、これが私の第五の願いでした。それが私にいま叶ったのです。尊師よ、かつて私が若かったときにこの五つの願いがありました。それらが私にいま叶いました。

尊師よ、すばらしいことです。尊師よ、すばらしいことです。尊師よ、あたかも倒れたものを起こすように、また覆われたものの覆いを除くように、また迷ったものに道を示すように、また眼あるものは形を見るであろうと暗闇に灯火をかかげるように、このようにさまざまな仕方で、世尊によって法は明らかにされた。尊師よ、このわたしは世尊に帰依いたします。また法と比丘僧伽に帰依いたします。世尊は、わたしを、今日より命の限り帰依したウパーサカ（優婆塞）として受け入れてくださいますように。

尊師よ、世尊は明日、比丘僧伽とともに食事を受けてくださいますように」と。

世尊は、沈黙をもって了承した。

そこでマガダの王セーニヤ・ビンビサーラは、世尊の了承を知って、座から起ち、世尊に挨拶して、右回りして去って行った。

〔竹林園（竹林精舎《ちくりんしょうじゃ》）の寄進〕（パーリ律 大品 1・22）

そこでマガダの王セーニヤ・ビンビサーラは、その夜が過ぎて、硬いものや軟らかい上等の食べ物を準備させて、世尊に、時がきたことを知らせにやった。「尊師よ、時間がまいりました。食事が用意できました」と。

そこで世尊は、午前に、下衣を着け上衣と鉢をとって、大比丘僧伽とともに、みな以前には結髪であった千の比丘たちとともに、ラージャガハに入った。

さてその時、神々の王サッカ（帝釈天《たいしゃくてん》）は、童子の姿となって、仏陀を上首とする比丘僧伽の常に前にあって、このような偈頌を歌いながら、進み行った。

調御《じょうご》し解き放たれたものが、調御し解き放たれたかつて結髪であったものたちとともに、
金の飾りのように美しい世尊が、ラージャガハにお入りだ。
解脱し解き放たれたものが、解脱し解き放たれたかつて結髪であったものたちとともに、金の飾りのように美しい世尊が、ラージャガハにお入りだ。
渡り終え解き放たれたものが、渡り終え解き放たれたかつて結髪であったものたちとともに、
金の飾りのように美しい世尊が、ラージャガハにお入りだ。
十住あり、十力あり、十法を知り、十をそなえる彼の世尊は、千人に取り囲まれて、ラージ

ャガハにお入りだ。

人びとは、神々の王サッカを見て、このように言った。「なんとこの童子は美しい。なんとこの童子は見目うるわしい。なんとこの童子は愛らしい。いったいこの童子は誰のもとにいるのか」と。

このように言われた神々の王サッカは、その人びとに、詩頌で言った。

智者であり、あらゆる点にわたって調御し、覚者であり、世において比類なきものであり、阿羅漢であり、善逝であるその人に、私は仕えているのです、と。

そこで世尊は、マガダの王セーニヤ・ビンビサーラの住居に近づいた。近づいて、用意された座に、比丘僧伽とともに坐った。

そこでマガダの王セーニヤ・ビンビサーラは、仏陀を上首とする比丘僧伽に、硬いものや軟らかい上等の食べ物をもって、自らの手で、喜ばせ、給仕し、世尊が食べ終わって器から手を引いたので、一方に坐った。

一方に坐ったマガダの王セーニヤ・ビンビサーラはこのように思った。

「はて、どこに世尊が住されたらよいだろうか。村から遠くなく近すぎることもなく、行き来に都合よく、望むもの人びとみなに行きやすく、昼は混雑せず、夜はもの音や人声が少なく、人里離れた雰囲気があり、人びとに妨げられることなく横になることができ、静座にふさわしいところがいいであろう」と。

そこでマガダの王セーニヤ・ビンビサーラはこのように思った。

「私が所有するこのヴェールヴァナ園（竹林園）は、村から遠くなく近すぎることもなく、行き来に都合よく、望むもの人びとみなに行きやすく、昼は混雑せず、夜はもの音や人声が少なく、人里離れた雰囲気があり、人びとに妨げられることなく横になることができ、静座にふさわしい。私は、ヴェールヴァナ園を、仏陀を上首とする比丘僧伽に施すことにしたらどうだろう」と。

そこでマガダの王セーニヤ・ビンビサーラは、金でできた水瓶をとって世尊にそそぎ、「世尊よ、私は、このヴェールヴァナ園を、仏陀を上首とする比丘僧伽に施します」と言った。

世尊は、園を受けとった。

そこで世尊は、マガダの王セーニヤ・ビンビサーラに、法話を説いて、励まし、勇気づけ、喜ばせて、座を起ち去って行った。

ときに世尊は、この事件のことで法話をして、比丘たちに告げた。「比丘たちよ、園を受けることを私は許す」と。

『パーリ律大品 1・22 マガダの王ビンビサーラ』（*Vinaya-pitaka, Mahāvagga,* 1.22 *Rājā māgadho seniyo bimbisāro,* vol. 1, pp. 35-39）。邦訳には、南伝第三巻律蔵三

「大品」（pp. 63-71）などがある。

30 サーリプッタとモッガッラーナの帰依（パーリ律 大品 1・23）

そのとき、遊行者《ゆぎょうしゃ》サンジャヤ（六師外道の一人、サンジャヤ・ベーラッティプッタ）が、ラージャガハ（王舎城《おうしゃじょう》）に、二百五十の遊行者からなる大会衆《だいえしゅ》とともに住んでいた。

またそのとき、サーリプッタ（舎利弗《しゃりほつ》）とモッガッラーナ（目連《もくれん》）は、遊行者サンジャヤのもとで梵行《ぼんぎょう》を行っていた。彼らは約束をしていた。「最初に不死を得たものは告げるように」と。

そのとき、尊者アッサジ（五比丘の一人）が、午前中に、下衣を着け、鉢と上衣をもって、ラージャガハに乞食のために入っていった。気持ちよく、進んでは退き、前を見るも後ろを見るも、腕を引くにも伸ばすにも、眼を下に向け、威儀《いぎ》をそなえていた。

遊行者サーリプッタは、尊者アッサジが、ラージャガハで乞食し、気持ちよく、進んでは退き、前を見るも後ろを見るも、腕を引くにも伸ばすにも、眼を下に向け、威儀をそなえているのを見た。見おわって、彼はこのように思った。「ああこの人は、世間において、阿羅漢あるいは阿羅漢の道を達成している比丘たちの中の一人であろう。いま私はこの比丘に近づいて尋ねてみようか、友よ、あなたは誰のもとで出家したのか、あなたの師は誰なのか、あなたは誰の法を喜んでいるのか、と」。そこで遊行者サーリプッタはこのように思った。「この比丘に尋ねる時ではない。彼は家の中に入って乞食をしている。いま私はこの比丘の後にぴったりついていったらどうだろう、求める者たちに道は見いだされるだろう」と。

そこで尊者アッサジは、ラージャガハでの乞食を終えて、施食をもって戻ってきた。そこで遊行者サーリプッタは、尊者アッサジのところに近づいた。近づいて、尊者アッサジと挨拶を交わした。心地よい親しみのある話を交わして、一方に立った。一方に立って、遊行者サーリプッタは、尊者アッサジにこのように言った。

「友よ、あなたの感覚は澄みきりおだやかで、膚の色は清らかでとてもきれいだ。友よ、あなたは誰のもとで出家したのか。あなたの師は誰なのか。あなたは誰の法を喜んでいるのか」と。

「友よ、釈迦族の子で、釈迦族から出家した大沙門がいます。私はその世尊のもとで出家したのです。そしてその人が私の師であり、その世尊の法を私は喜んでいます」と。

「では尊者の師は、何を語り、何を説くのですか」と。

「友よ、私は若く出家して間もなく、この法と律においては新参者です。私はあなたに詳しく法を説くことはできません。しかし簡略に意味を話しましょう」と。

そこで遊行者サーリプッタは、尊者アッサジにこのように言った。「友よ、そうしてください。多かれ少なかれ話してください。意味だけを私に言ってください。私は意味だけ必要なのです。あなたが多くの言辞を話して何になりましょう」と。

そこで尊者アッサジは、遊行者サーリプッタに、このような法門を語った。

諸法は因から生ずるものであり、それらの因を如来は説く。大沙門は、それらの消滅をも同様に説く。

そこで、この法門を聞いて、遊行者サーリプッタに、浄らかで汚れのない法眼が生じた。すなわち、生起を性質とするものはすべて消滅を性質とする、と知った。〔遊行者サーリプッタは思った。〕「この法がこれだけであっても、あなたたちは、多くのナフタ劫（千億劫）の間、見られることがなく見過ごされてきた、憂いのない境地に達したのだ」と。

そこで遊行者サーリプッタは、遊行者モッガッラーナのところに行った。遊行者モッガッラーナは、遊行者サーリプッタが遠くからやって来るのを見た。見おわって、遊行者サーリプッタにこのように言った。「友よ、あなたの感覚は澄みきりおだやかで、膚の色は清らかでとてもきれいだ。友よ、あなたは不死を得たのですか」と。

「友よ、そうです。私は不死を得たのです」と。

「友よ、どのようにしてあなたは不死を得たのですか」と。

「さて友よ、私は、比丘アッサジが、ラージャガハで乞食し、気持ちよく、進んでは退き、前を見るも後ろを見るも、腕を引くにも伸ばすにも、眼を下に向け、威儀をそなえているのを見た……」と。

そのとき、この法門を聞いて、遊行者モッガッラーナに、浄らかで汚れのない法眼が生じた。すなわち、生起を性質とするものはすべて消滅を性質とする、と知った。〔遊行者モッガッラーナは思った。〕「この法がこれだけであっても、あなたたちは、多くのナフタ劫の間、見られることがなく見過ごされてきた、憂いのない境地に達したのだ」と。

そこで遊行者モッガッラーナは、遊行者サーリプッタにこのように言った。「友よ、われらは世尊のもとに行こう。彼の世尊はわれらの師であるから」と。

「友よ、この二百五十人の遊行者たちは、われらを頼りとして、われらを信頼して、ここに住まっている。彼らにもまず意見を求めよう。彼らは思うとおりにするだろう」と。

そこでサーリプッタとモッガッラーナは、遊行者たちのところに近づいた。近づいて、その遊行者たちにこのように言った。「友らよ、われら二人は世尊のもとに行く。彼の世尊はわれらの師であるから」と。

「われらは、尊者たちを頼りとし、尊者たちを信頼して、ここに住まっている。もし尊者たちが大沙門のもとで梵行を行うのならば、われらもみな大沙門のもとで梵行を行うことにしよう」と。

そこでサーリプッタとモッガッラーナは、遊行者サンジャヤのところに近づいた。近づいて、遊行者サンジャヤにこのように言った。「友よ、われら二人は世尊のもとに行く。彼の世尊はわれらの師であるから」と。

「友らよ、行ってはならない。三人みなで、この集まりをまもっていこう」と。

二度も、三度もサーリプッタとモッガッラーナは遊行者サンジャヤにこのように言った。「友よ、われら二人は世尊のもとに行く。彼の世尊はわれらの師であるから」と。

「友らよ、行ってはならない。三人みなで、この集まりをまもっていこう」と。

そこでサーリプッタとモッガッラーナは、その二百五十人の遊行者たちを連れて、ヴェールバナ（竹林園）の方に行った。遊行者サンジャヤの口から、その場で、熱い血が吐き出された。

世尊は、サーリプッタとモッガッラーナが遠くからやって来るのを見た。見おわって、比丘たちに語った。「比丘たちよ、ここに二人の友人、コーリタ（目連）とウパティッサ（舎利弗）がやって来る。この二人は、私にとって、弟子の双璧となり、最上の賢明な一対となるであろう」と。

彼ら二人は、甚深なる智の領域において、無上なる執着の消滅において、解脱して、ヴェールヴァナに着いた。そこで師は彼ら二人のことを記別《きべつ》した。「ここに二人の友人、コーリタとウパティッサがやって来る。この二人は、私にとって、弟子の双璧となり、最上の賢明な一対となるであろう」と。

そこでサーリプッタとモッガッラーナは、世尊のもとに近づいた。近づいて、世尊の足に頭面をもって礼拝し、世尊にこのように言った。「尊師よ、われらは世尊のもとで出家し、その認可を得んと願います」と。

「来たれ比丘」と世尊は言った。「法はよく説かれている、完全に苦しみを終わらせるために梵行を行うがよい」と。これが、その尊者たちにとっての〔僧伽に入るための〕認可であった。

そのときに、マガダ国のそれぞれ名のある良家の子たちが、世尊のもとで、梵行を行っていた。人びとは、いらだち、気をもみ、憤《いきどお》った。「沙門ゴータマは息子たちをなくすために歩む。沙門ゴータマは未亡人にするために歩む。沙門ゴータマは家族を破滅させるために歩む。いま彼によって、千人の結髪の行者が出家させられ、またサンジャヤの二百五十人の遊行者が出家させられた。そしてこのマガダ国のそれぞれ名のある良家の子たちが沙門ゴータマのもとで梵行を行じている」と。さらにまた、比丘たちを見て、このような詩頌で非難した。

大沙門がマガダ国のギリッバジャにやって来た。
サンジャヤの弟子をみな連れ去って、つぎに誰を連れ去ろうとするのか、と。

比丘たちは、その人びとが、いらだち、気をもみ、憤っているのを聞いた。そこで比丘たちは、世尊にこの件を語った。

「比丘たちよ、そんな言葉は長く続くものではない。七日ばかりであろう。七日を過ぎれば消えてしまうであろう。比丘たちよ、だからこの偈頌で、すなわち、大沙門がマガダ国のギリッバジャにやって来た。
サンジャヤの弟子をみな連れ去って、つぎに誰を連れ去ろうとするのか。

といって汝らを非難するものたちに、汝らはこの偈頌で反駁するがよい。

大雄《だいゆう》、如来は、実に、正法《しょうぼう》によって、連れ去る。
法によって連れ去る知者たちに、どんな嫉《ねた》みがあるのか、と。

そのとき人びとは、比丘たちを見て、この偈頌で非難した。

大沙門がマガダ国のギリッバジャにやって来た。
サンジャヤの弟子をみな連れ去って、つぎに誰を連れ去ろうとするのか、と。

比丘たちは、その人びとに、この偈頌で反駁した。

大雄、如来は、実に、正法によって、連れ去る。
法によって連れ去る知者たちに、どんな嫉みがあるのか、と。

釈子沙門たちは、法によって連れ去り、非法によってではないと、人びとは知って、その言葉は七日だけで、七日を過ぎて消え去った。

『パーリ律大品　1・23サーリプッタとモッガッラーナの帰依』（*Vinaya-piṭaka, Mahāvagga*, 1.23-24 *Sāriputta-moggallāna-pabbajjā*, vol. 1, pp. 39-44）。邦訳には、南伝第三巻律蔵三「大品」（pp. 71-79）などがある。

31　澄浄心—四預流支

このようにわたしは聞いています。

ある時、世尊は、サーヴァッティ（舎衛城《しゃえいじょう》）の近くジェータ林（祇多林《ぎたりん》）の中のアナータピンディカの園（給孤独園《ぎっこどくおん》）に滞在しておられました。

そこで世尊は比丘たちに語られた。「比丘たちよ」と。「尊師よ」とその比丘たちは答えた。世尊はこのように語られた。

比丘たちよ、四つの法をそなえている聖なる弟子は、預流《よる》（sotāpanna）となり、〔悪趣に〕堕することのない性質のものであり、〔涅槃に達することが〕決定していて、菩提に究竟《くきょう》する。四つとは何であるか。

(1)比丘たちよ、ここに聖なる弟子は、仏への不壊《ふえ》の澄浄心《ちょうじょうしん》（aveccappasāda）をそなえている。「実に彼の世尊は、阿羅漢、正覚者、明行足、善逝、世間解、無上士、調御丈夫、天人師、仏、世尊である」と。

(2)法への不壊の澄浄心をそなえている。「世尊によって法はよく説かれ、現に見られるものであり、時をへだてぬものであり、来たり見よと言われるものであり、導くものであり、知者たちによって自ら知られるものである」と。

(3)僧への不壊の澄浄心をそなえている。「世尊の弟子僧伽《でしサンガ》はよく実践し、世尊の弟子僧伽はまっすぐに実践し、世尊の弟子僧伽は道理にしたがって実践し、世尊の弟子僧伽は正しく実践している。すなわち、四双八輩《しそうはちはい》（四向四果の沙門果がそなわっているものたち）である。この世尊の弟子僧伽は供養されるべきであり、恭敬《くぎょう》されるべきであり、献供《けんぐ》されるべきであり、合掌礼拝されるべきであり、世間の無上の福田《ふくでん》である」と。

(4)聖者たちの好む、破られず、穿《うが》たれず、汚点なく、混ざらず、脱せしめ、知者たちに称賛され、執取されず、三昧《さんまい》をよく起こす戒《かい》をそなえている。

比丘たちよ、この四つの法をそなえている聖なる弟子は、預流となり、〔悪趣に〕堕することのない性質のものであり、〔涅槃に達することが〕決定していて、菩提に究竟する。

このように世尊は語った。このことを語って、善逝《ぜんぜい》である師はこのように言った。

信あり、戒あり、澄浄心あり、法の観見《かんけん》（dhamma-dassana）ある者たちは、時あって、梵行に深く入って、安楽を得る、と。

『相応部経典55・2深く入る』（*Saṃyutta Nikāya* 55.2 *Ogadha*, vol. 5, pp. 343-344）。邦訳には、河崎豊訳「基盤」（『原始仏典Ⅱ』相応部経典第六巻、春秋社、pp. 411-412）、南伝第十六巻下相応部経典六「預流」（pp. 221-222）などがある。

32　ヴァッカリの信仰――法を見るものは仏を見る

このようにわたしは聞いています。

ある時、世尊は、ラージャガハ（王舎城）にあるヴェールヴァナ（竹林園）のカランダカニヴァーパに滞在しておられた。

そのとき、長老ヴァッカリは、陶工の家に滞在し、病にかかり、苦しみ、重病であった。さて長老ヴァッカリは、侍者たちに言った。

「友らよ、あなたたちは世尊のおられるところに行ってください。そこに行って、私のつぎの言葉をもって、世尊のみ足に頂礼《ちょうらい》してください。『尊師よ、比丘ヴァッカリは、病にかかり、苦しみ、重病であります。彼は世尊のみ足に頂礼します』と。そしてつぎのように言ってください。『尊師よ、どうか世尊は、憐れみをもって、比丘ヴァッカリのもとにお越しくださいますように』と。」

「わかりました」と、その比丘たちは長老ヴァッカリに答えて、世尊のもとに行った。そこに行って、世尊に挨拶し、一方の隅に座った。一方の隅に座って、その比丘たちは世尊にこのように言った。「師よ、比丘ヴァッカリは、病にかかり、苦しみ、重病であります。彼は世尊のみ足に頂礼します。そしてこのように言っています。『師よ、どうか、世尊は、憐れみをもって、比丘ヴァッカリのもとにお越しくださいますように』と。」

世尊は黙って承知した。

そこで世尊は、下衣をつけて、鉢と上衣をとって、長老ヴァッカリのもとに行った。長老ヴァッカリは、世尊が遠くからこちらにやって来られるのを見た。それを見て、床の上で身を起こそうともがいた。

そこで世尊は、長老ヴァッカリにこのように言った。「よしなさい、ヴァッカリよ。床の上で身を起こそうともがかなくていい。ここに用意された座があります。そこに私はすわります」と。世尊は、用意された座にすわった。

そこにすわって、世尊は長老ヴァッカリにこのように言った。「ヴァッカリよ、あなたは耐えられますか。過ごせますか。苦痛がうすらいで、ふえなければいいのですが。苦痛はうすらいで、ふえてはいないように見えますが」と。

「尊師よ、私には耐えられず、過ごせません。私に激しい苦痛がふえ、うすらいではいません。苦痛はふえて、うすらぎはしないように思えます。」

「ヴァッカリよ、あなたに何の悔いも何の悩みもないといいのですが。」「尊師よ、私には、実際、少なからぬ悔いと少なからぬ悩みがあります。」

「ではヴァッカリよ、戒のことで自らあなたを責めているのではないだろうね。」「尊師よ、戒のことで自ら私を責めているのではありません。」

「ヴァッカリよ、もし戒のことで自らあなたを責めているのでないならば、それならばあなたにどんな悔いや悩みがあるのですか。」

「尊師よ、私は久しく世尊を拝見したくおそばに参ろうと望んでいます。しかし、私が世尊を拝見するためにおそばに参りますだけのそれだけの力が、私の身体にはありません。」

「よしなさい、ヴァッカリ。あなたがこの腐っていく身体を見たからといって何になろうか。ヴァッカリよ、法を見るものが私を見るのです。私を見るものは法を見るのです。というのは、ヴァッカリよ、法を見ているものは私を見、私を見ているものは法を見るからです(注)。」

「ヴァッカリよ、これをどう思うか。色は常であるか無常であるか。」「無常です、尊師よ。」「では無常なるものは、苦であるか楽であるか。」「苦です、尊師よ。」「では無常にして苦であり変化する性質のものを、これは私のものである、これは私である、これは私の自己であると見るのはふさわしいことであろうか。」「そうではありません、尊師よ。」

「受は……想は……諸行は……識は常であるか無常であるか。」「無常です、尊師よ。」「では無常なるものは、苦であるか楽であるか。」「苦です、尊師よ。」「では無常にして苦であり変化する性質のものを、これは私のものである、これは私である、これは私の自己であると見るのはふさわしいことであろうか。」「そうではありません、尊師よ。」

「ヴァッカリよ、それ故にここで、どんな色も、過去であれ未来であれ現在であれ、内にあれ外にあれ、粗大であれ微細であれ、劣ったものであれ上等なものであれ、遠くにあれ近くにあれ、そのすべての色を、これは私のものではない、これは私ではない、これは私の自己ではないと、このようにこれを如実に正しい慧をもって見なければならない。

どんな受も……どんな想も……どんな諸行も……どんな識も、過去であれ未来であれ現在であれ、内にあれ外にあれ、粗大であれ微細であれ、劣ったものであれ上等なものであれ、遠くにあれ近くにあれ、そのすべての識を、これは私のものではない、これは私ではない、これは私の自己ではないと、このようにこれを如実に正しい慧をもって見なければならない。

ヴァッカリよ、このように見る多聞の聖弟子は、色にも厭離し、受にも厭離し、想にも厭離し、諸行にも厭離し、識にも厭離する。厭離して離欲する。離欲した後に解脱する。解脱したときに、私は解脱したという智が生ずる。生は尽きた、梵行は成就した、なすべきことはなしおわった、ふたたびこのような事態をまねくことはないと知る、と。」

そこで世尊は、長老ヴァッカリに、このように教誡しおわって、座を起ち、ギッジャクータ山のほうに去って行った。

そこで長老ヴァッカリは、世尊がたち去ったすぐ後で、仕えるものたちに言った。

「友らよ、私をこの床に載せて、イシギリ山の山腹にあるカーラシラーに行ってください。どうして私のようなものが家の中で命終えると考えられようか」と。

「友よ、わかりました」と、その比丘たちは、長老ヴァッカリに答えて、長老ヴァッカリを床に載せて、イシギリ山の山腹にあるカーラシラーに行った。

さて、世尊は、その日の残りとその夜とを、ギッジャクータ山で過ごした。そのとき、美しい色をした二神が、夜更けに、ギッジャクータ山全体を照らしながら、世尊のところに近づいた。近づいて、世尊に挨拶し一方にすわった。

一方にすわった一つの神は世尊にこのように言った。「尊師よ、比丘ヴァッカリは解脱しようと思っています」と。他の神は世尊にこのように言った。「尊師よ、彼はいまやよく解脱したものとして解脱するでしょう」と。その神々はこのように言った。このように言って、世尊に挨拶し、右回りにまわってその場で消え去った。

そこで世尊は、その夜がすぎて、比丘たちに言った。

「比丘たちよ、ここにいるあなたたちは比丘ヴァッカリのところに行きなさい。行って比丘ヴァッカリにこのように言ってください。『友ヴァッカリよ、世尊と二神の言葉を聞くがいい。友よ、昨夜、美しい色をした二神が、夜更けに、ギッジャクータ山全体を照らしながら、世尊のところに近づいた。近づいて、世尊に挨拶し一方にすわった。一方にすわった一つの神は世尊にこのように言った。「尊師よ、比丘ヴァッカリは解脱しようと思っています」と。他の神は世尊にこのように言った。「尊師よ、彼はいまやよく解脱したものとして解脱するでしょう」と。そして世尊は、あなた、友ヴァッカリにこのように言った。「ヴァッカリよ、恐れるな。ヴァッカリよ、恐れるな。あなたに、悪しき死はなく、悪しき命終はない」と。』」

「尊師よ、わかりました」と、その比丘たちは世尊に答えて、長老ヴァッカリがいるところに行った。行って、長老ヴァッカリにこのように言った。「友ヴァッカリよ、世尊と二神の言葉を聞くがい い。」と。

そこで長老ヴァッカリは仕えているものたちに言った。「では友らよ、私を床から降ろしてください。どうして私のようなものが高座にすわって彼の世尊の教えを聞くことができると考えられようか」と。

「友よ、わかりました」と、その比丘たちは、長老ヴァッカリに答えて、長老ヴァッカリを床から降ろした。

「友よ、昨夜、美しい色をした二神が、夜更けに、ギッジャクータ山全体を照らしながら、世尊のところに近づいた。近づいて、世尊に挨拶し一方にすわった。一方にすわった一つの神は世尊にこのように言った。『尊師よ、比丘ヴァッカリは解脱しようと思っています』と。他の神は世尊にこのように言った。『尊師よ、彼はいまやよく解脱したものとして解脱するでしょう』と。そして世尊は、あなた、友ヴァッカリにこのように言った。『ヴァッカリよ、恐れるな。ヴァッカリよ、恐れるな。あなたに、悪しき死はなく、悪しき命終はない』と。」

「それでは友らよ、私のつぎの言葉をもって、世尊のみ足に頂礼してください。『尊師よ、比丘ヴァッカリは、病にかかり、苦しみ、重病であります。彼は世尊のみ足に頂礼します。そしてこのように言っています。色は無常であるということに、尊師よ、私は惑いがありません。無常なるものは苦であるということに、私は疑いがありません。無常であり苦であり変化する性質のものに、私には、欲求や貪欲や愛着はないということに、私は疑いがありません。受は無常であるということに、……。想は……。諸行は……。識は無常であるということに、尊師よ、私は惑いがありません。無常なるものは苦であるということに、私は疑いがありません。無常であり苦であり変化する性質のものに、私には、欲求や貪欲や愛着はないということに、私は疑いがありません』と。」

「友よ、わかりました」と、その比丘たちは、長老ヴァッカリに答えて、去って行った。そこで長老ヴァッカリは、その比丘たちが去ったすぐ後で、刀をとった。

そこでその比丘たちは、世尊のおられるところに行った。行って、一方にすわった。一方にすわったその比丘たちは、世尊にこのように言った。

「尊師よ、比丘ヴァッカリは、病にかかり、苦しみ、重病であります。彼は世尊のみ足に頂礼します。そしてこのように言っています。『色は無常であるということに、尊師よ、私は惑いがありません。無常なるものは苦であるということに、私は疑いがありません。無常であり苦であり変化する性質のものに、私には、欲求や貪欲や愛着はないということに、私は疑いがありません。受は無常であるということに、尊師よ、私は惑いがありません……。想は……。諸行は……。識は無常であるということに、尊師よ、私は惑いがありません。無常なるものは苦であるということに、私は疑いがありません。無常であり苦であり変化する性質のものに、私には、欲求や貪欲や愛着はないということに、私は疑いがありません』と。」

そこで世尊は比丘たちに言った。「比丘たちよ、行きましょう。イシギリ山の山腹にあるカーラシラーに行きましょう。そこで、善男子ヴァッカリが刀をとったのです」と。

「尊師よ、わかりました」と、その比丘たちは、世尊に答えた。

そこで世尊は、多くの比丘たちとともに、イシギリ山の山腹にあるカーラシラーに行った。世尊は、遠くから、長老ヴァッカリが、床の上で、肩をまるめて横たわっているのを見た。

そのとき、煙のような雲、暗い雲が、東方に行き、西方に行き、北方に行き、南方に行き、上に行き、下に行き、四維《しい》に行った。

そこで世尊は比丘たちに言った。「比丘たちよ、あなたたちは、いま、あの煙のような雲、暗い雲が、東方に行き、西方に行き、北方に行き、南方に行き、上に行き、下に行き、四維に行くのを見たか」と。

「尊師よ、その通りです。」

「比丘たちよ、これは悪魔パーピマンが、善男子ヴァッカリの識《しき》を探しているのです。善男子ヴァッカリの識はどこに住しているのか、と。」

「しかし比丘たちよ、識はどこにも住することなく、善男子ヴァッカリは般涅槃《はつねはん》したのです」と。

『相応部経典 22.87 ヴァッカリ』(*Saṃyutta Nikāya* 22.87 *Vakkali*, vol. 3, pp. 119-124)。邦訳には、長尾雅人・工藤成樹訳「病あつきヴァッカリ(相応部二二・八七)」(『世界の名著1 バラモン教典 原始仏典』中央公論社 pp. 451-456)、羽矢辰夫・平木光二訳「ヴァッカリ」(『原始仏典II』相応部経典第三巻、春秋社、pp. 217-227)、南伝第十四巻相応部経典(三)「跋迦梨」(pp. 188-195)などがある。

(注) 「法を見ているものは私を見、私を見ているものは法を見る」という言葉は、「法を見るものは仏を

見る」という語句で、後の大乗経典によく引かれる。特に『稲芋経《とうかんぎょう》』の「縁起を見るものは法を見る。法を見るものは仏を見る」という言葉がよく知られている。『中論』を注釈したチャンドラキールティは、その注釈書『プラサンナパダー』で引用しているので、原語を知ることができる。

yaḥ pratītyasamutpādaṃ paśyati sa dharmaṃ paśyati, yo dharmaṃ paśyati sa buddhaṃ paśyatīty āgamāt.

「縁起を見るものは法を見る。法を見るものは仏を見る」と阿含にあるからである。（*Prasannapadā*, ed. Poussin, p. 160）

33　信仰の根拠——象の足跡の喩え

このようにわたしは聞いています。

ある時、世尊は、サーヴァッティ（舎衛城）の近く、ジェータ林（祇多林）の中のアナータピンディカの園（給孤独園）に滞在しておられました。

そのころのことですが、ある時、ジャーヌッソーニというブラーフマナが、早朝サーヴァッティから覆いのついたまっ白な車で出かけました。ブラーフマナのジャーヌッソーニは、ピローティカという遊行者を見かけて、つぎのように話しかけました。

「はて、ヴァッチャーヤナさん（ピローティカを指す）は朝早くにどこからやってきたのですか。」

「あなた、わたしはあの沙門ゴータマのもとからやってきたのです。」

「ヴァッチャーヤナさんはこれをどう思いますか。沙門ゴータマに知恵才覚があると思いますか。かれは賢者だと思いますか。」

「あなた、わたしを誰と思うのです。沙門ゴータマの知恵才覚をどうしてわたしが知りえましょうか。もし沙門ゴータマの知恵才覚を知るものがいるとでもすれば、あのかたと等しい〈知恵才覚をもっている〉にちがいありません。」

「なんとヴァッチャーヤナさんは、大いなる賛辞をもって沙門ゴータマを称賛するのですね。」

「あなた、わたしを誰と思うのです。沙門ゴータマをどうしてわたしが称賛できましょうか。かの世尊ゴータマは、称賛されるものたちによって称賛される人天中の最勝者なのです。」

「ではヴァッチャーヤナさんは、いかなる根拠を見て、沙門ゴータマにこのような澄みきった心〈信〉をいだいているのですか。」

「あなた、たとえば巧みな象の捕獲者が、象の住む森の中に入っていったとしましょう。かれが象の住む森の中で長くて広い大きな象の足跡を見たとします。かれは「おお大象だ」と確信するでしょう。

あなた、ちょうどこのようにわたしは沙門ゴータマに四つの足跡を見たから、それでわたしは確信したのです。「世尊は正覚者である。世尊によって法はよく説かれた。世尊の弟子僧伽はよく実践する」と。」
「四つとは何でしょうか。」

第一の足跡

「あなた、わたしはここで、巧妙で、他との論争をこととし、毛端を射抜くほど鋭利なクシャトリヤの賢者たちを見たのです。思うに、彼らは知恵で諸々の見解を砕きつつ歩きまわっているものたちなのでしょう。

彼らは、沙門ゴータマがかくかくの村あるいは町に訪れるそうだと聞いて、つぎのように質問を用意したのです。「わたしたちは沙門ゴータマのところに行き、この問いを尋ねよう。もしわたしたちがこう尋ねたときに、彼がこう答えるならば、わたしたちは彼にこう反論しよう。もしわたしたちがこう反論して尋ねたときに、彼がこう答えたならば、わたしたちは彼にまたこう反論しよう」と。

彼らは、沙門ゴータマがかくかくの村あるいは町に訪れたと聞きました。そこで彼らは沙門ゴータマのもとに行ったのです。沙門ゴータマは、彼らに法話をもって説き示し、訓戒し、奨励し、喜ばせました。

彼らは、沙門ゴータマによって、法話をもって説き示され、訓戒され、奨励され、喜ばせられて、沙門ゴータマに全く質問しなかったのです。まして反論などするはずもありません。かえって沙門ゴータマの弟子になってしまいました。

あなた、わたしは沙門ゴータマにこの第一の足跡を見て、そこでわたしは確信したのです。「世尊は正覚者である。世尊によって法はよく説かれた。世尊の弟子僧伽はよく実践する」と。

第二の足跡

あなた、さらにまたわたしはここで、巧妙で、他との論争をこととし、毛端を射抜くほど鋭利なブラーフマナの賢者たちを見たのです。思うに、彼らは知恵で諸々の見解を砕きつつ歩きまわっているものたちなのでしょう。

彼らは、沙門ゴータマがかくかくの村あるいは町に訪れるそうだと聞いて、つぎのように質問を用意したのです。「わたしたちは沙門ゴータマのところに行き、この問いを尋ねよう。もしわたしたちがこう尋ねたときに、彼がこう答えるならば、わたしたちは彼にこう反論しよう。もしわたしたちがこう反論して尋ねたときに、彼がこう答えたならば、わたしたちは彼にまたこう反論しよう」と。

彼らは、沙門ゴータマがかくかくの村あるいは町に訪れたと聞きました。そこで彼らは沙門ゴータマのもとに行ったのです。沙門ゴータマは、彼らに法話をもって説き示し、訓戒し、奨励し、喜ばせました。

彼らは、沙門ゴータマによって、法話をもって説き示され、訓戒され、奨励され、喜ばせられて、沙門ゴータマに全く質問しなかったのです。まして反論などするはずもありません。かえって沙門ゴータマの弟子になってしまいました。

あなた、わたしは沙門ゴータマにこの第二の足跡を見て、そこでわたしは確信したのです。「世尊は正覚者である。世尊によって法はよく説かれた。世尊の弟子僧伽はよく実践する」と。

第三の足跡

あなた、さらにまたわたしはここで、巧妙で、他との論争をこととし、毛端を射抜くほど鋭利な在俗の賢者たちを見たのです。思うに、彼らは知恵で諸々の見解を砕きつつ歩きまわっているものたちなのでしょう。

彼らは、沙門ゴータマがかくかくの村あるいは町に訪れるそうだと聞いて、つぎのように質問を用意したのです。「わたしたちは沙門ゴータマのところに行き、この問いを尋ねよう。もしわたしたちがこう尋ねたときに、彼がこう答えるならば、わたしたちは彼にこう反論しよう。もしわたしたちがこう反論して尋ねたときに、彼がこう答えたならば、わたしたちは彼にまたこう反論しよう」と。

彼らは、沙門ゴータマがかくかくの村あるいは町に訪れたと聞きました。そこで彼らは沙門ゴータマのもとに行ったのです。沙門ゴータマは、彼らに法話をもって説き示し、訓戒し、奨励し、喜ばせました。

彼らは、沙門ゴータマによって、法話をもって説き示され、訓戒され、奨励され、喜ばせられて、沙門ゴータマに全く質問しなかったのです。まして反論などするはずもありません。かえって彼らは、家を捨て家なき出家者となるべく、沙門ゴータマに許しをこうたのです。沙門ゴータマは彼らを出家させました。

さて彼らは、出家してから一人遠く離れて、不放逸に、熱心に、決意して住し、久しからずして、良家の子らが正しくもそのために家を捨て家なき出家者となるその無上の目的である梵行（仏道）の完成を、この現世において自ら知り、直証し、達成して住することになりました。そして彼らはこのように言ったのです。「ああ、わたしたちはもう滅びそうであった。ああ、わたしたちはもう破滅寸前であった。というのも、かつてわたしたちは、沙門でもないのに沙門だと自ら称し、ブラーフマナでもないのにブラーフマナだと自ら称し、阿羅漢でもないのに阿羅漢だと自ら称していたのだから。だがいまやわたしたちは沙門となり、ブラーフマナとなり、阿羅漢となったのだ」と。

あなた、わたしは沙門ゴータマにこの第三の足跡を見て、そこでわたしは確信したのです。「世尊は正覚者である。世尊によって法はよく説かれた。世尊の弟子僧伽はよく実践する」と。

第四の足跡

あなた、さらにまたわたしはここで、巧妙で、他との論争をこととし、毛端を射抜くほど鋭利な沙門の賢者たちを見たのです。思うに、彼らは知恵で諸々の見解を砕きつつ歩きまわっているものたちなのでしょう。

彼らは、沙門ゴータマがかくかくの村あるいは町に訪れるそうだと聞いて、つぎのように質問を用意したのです。「わたしたちは沙門ゴータマのところに行き、この問いを尋ねよう。もしわたしたちがこう尋ねたときに、彼がこう答えるならば、わたしたちは彼にこう反論しよう。もしわたしたちがこう反論して尋ねたときに、彼がこう答えたならば、わたしたちは彼にまたこう反論しよう」と。

彼らは、沙門ゴータマがかくかくの村あるいは町に訪れたと聞きました。そこで彼らは沙門ゴータマのもとに行ったのです。沙門ゴータマは、彼らに法話をもって説き示し、訓戒し、奨励し、喜ばせました。

彼らは、沙門ゴータマによって、法話をもって説き示され、訓戒され、奨励され、喜ばせられて、沙門ゴータマに全く質問しなかったのです。まして反論などするはずもありません。かえって彼らは、家を捨て家なき出家者となるべく、沙門ゴータマに許しをこうたのです。沙門ゴータマは彼らを出家させました。

さて彼らは、出家してから一人遠く離れて、不放逸に、熱心に、決意して住し、久しからずして、良家の子らが正しくもそのために家を捨て家なき出家者となるその無上の目的である梵行（仏道）の完成を、この現世において自ら知り、直証し、達成して住することになりました。そして彼らはこのように言ったのです。「ああ、わたしたちはもう滅びそうであった。ああ、わたしたちはもう破滅寸前であった。というのも、かつてわたしたちは、沙門でもないのに沙門だと自ら称し、ブラーフマナでもないのにブラーフマナだと自ら称し、阿羅漢でもないのに阿羅漢だと自ら称していたのだから。だがいまやわたしたちは沙門となり、ブラーフマナとなり、阿羅漢となったのだ」と。

あなた、わたしは沙門ゴータマにこの第四の足跡を見て、そこでわたしは確信したのです。「世尊は正覚者である。世尊によって法はよく説かれた。世尊の弟子僧伽はよく実践する」と。

あなた、実にわたしは沙門ゴータマにこれらの四つの足跡を見たから、そこでわたしは確信したのです。「世尊は正覚者である。世尊によって法はよく説かれた。世尊の弟子僧伽はよく実践する」と。」

ブラーフマナのジャーヌッソーニは、このように言われて、覆いのついたどこもまっ白な車から降りて、上着を一方の肩にかけ、世尊のおられる方に向かって合掌し、感きわまりこの言葉を三度発した。

彼の世尊・応供・正覚者に帰すべし。彼の世尊・応供・正覚者に帰すべし。彼の世尊・応供・正覚者に帰すべし。

「きっとわたしもいつかどこかで彼の尊いゴータマにお会いできるにちがいない。きっとなにかお話する機会があるにちがいない」と言って。

〔◆ここまでで、信仰の問題が提起された前編が終わり、以下の後編で、釈尊による信仰の根拠の吟味が説かれる。〕

後編

さてそれから、ブラーフマナのジャーヌッソーニは世尊のおられるところに行きました。そばに行って、世尊に恭しく挨拶し、恭しく丁寧な挨拶を交わして、彼は一隅に坐りました。一隅に坐ったブラーフマナのジャーヌッソーニは、出家者ピローティカと語りあったことすべてを世尊に話しました。

世尊はこのように言われて、ブラーフマナのジャーヌッソーニにつぎのように言いました。

「ブラーフマナよ、それだけでは象の足跡の喩が十分に尽くされているとは言えません。ブラーフマナよ、さらに、象の足跡の喩がいかに十分に尽くされるのかそれを聞きなさい。そしてよく思惟するがよい。さあ話そう。」と。

「そうして下さい」とブラーフマナのジャーヌッソーニは世尊に答えた。

世尊はつぎのように話しました。

「ブラーフマナよ、例えば象の捕獲者が、象の住む森に入って行ったとしましょう。彼は象の住む森の中で長くて広い大きな象の足跡を見たとします。巧みな象の捕獲者ならば、決してそれだけで「ああ、大象だ」と決めてかからないでしょう。それはなぜか。ブラーフマナよ、象の住む森には、ヴァーマニカという矮小なのに大きな足をした象がいます。そこで彼は「この足跡はきっとその象のものだ」と考えるからです。

彼はその森をさらに行きます。さらに行くと、その象の住む森の中で、長くて広い大きな象の足跡を見、そして上の方に分け通った跡を見たとします。巧みな象の捕獲者ならば、決してそれだけで「ああ、大象だ」と決めてかからないでしょう。それはなぜか。ブラーフマナよ、象の住む森には、ウッチャーカーラーリカーという、上に長く突き出た牙を持ち、大きな足をした象がいます。そこで彼は「この足跡はきっとその象のものだ」と考えるからです。

彼はその森をさらに行きます。さらに行くと、その象の住む森の中で、長くて広い大きな象の足跡を見、そして上の方に分け通った跡があり、また上の方を牙で裂き破っているのを見たとします。巧みな象の捕獲者ならば、決してそれだけで「ああ、大象だ」と決めてかからないでしょう。それはなぜか。ブラーフマナよ、象の住む森には、ウッチャーカネルカーという、瘤のように大きい牙を持ち、大きな足をした象がいます。そこで彼は「この足跡はきっとその象のものだ」と考えるからです。

彼はその森をさらに行きます。さらに行くと、その象の住む森の中で、長くて広い大きな象の足跡を見、そして上の方に分け通った跡があり、また上の方を牙で裂き破り、上の方で枝が折れ裂かれているのを見たとします。しかもその象が樹の根もとにいるか、或は野原で、歩き、立ち、坐り、横臥しているのを見たとします。そこで彼は「これこそその大象だ」と確信するのです。

ブラーフマナよ、まったくこれと同様なのです。

ここに、応供・正覚者・明行足・善逝・世間解・無上士・調御丈夫・天人師・仏・世尊である如来が出現する。

その如来は、天や魔やブラフマンの世界をふくむこの世界を、そして沙門ブラーフマナや天人をふくむ生命あるものを、自ら知り、直証して、説き示す。如来は、初め善く、中も善く、終わりも善く、適切な意味で言葉を尽くして、法を説く。まったく十全で浄らかな梵行を明らかにする。

家長かその息子、あるいは他の家系に生まれたものが、その法を聞く。彼はその法を聞いて、如来にたいする信を得る。この信の獲得がそなわった彼はこのように省察する。

「家庭での生活は、束縛多く、埃で汚れた道である。出家は広やかな空き地である。家に住むものが、まったく完全で、まったく清浄な、貝殻を磨いたように白く輝く梵行（仏道）を行ずるのは容易なことではない。いまこそわたしは、髪や髭を剃り、黄色の衣をまとい、家を捨て家なきものとして出で立とう」と。

そしてある時彼は、多少をとわずすべての財産を捨て、多少をとわずすべての親族を捨て、髪や髭を剃り、黄色の衣をまとい、家を捨て家なきものとして出で立つ。

◆以下、出家した者が仏道を成就して阿羅漢になるまでの、きわめて整理された詳細な修養過程が説かれる。
ここでは、省略して項目のみを挙げ、一部の訳文を載せることにする。

聖戒蘊―不殺生などの十善戒をはじめ、種々の戒が説かれる。
根防護―知覚機能の制御
念正知
林住
五蓋の捨
四禅定（初禅・第二禅・第三禅・第四禅）
三明（宿住随念智《しゅくじゅうずいねんち》・死生智《ししょうち》・漏尽智《ろじんち》）
阿羅漢果《あらかんか》

四禅定　初禅

彼は、これらの五つの障害を捨て、心の汚濁《おじょく》と慧の弱化を捨て、欲望を離れ、不善法を離れて、尋《じん》と伺《し》があり、離脱より生ずる喜びと安楽がある第一の禅定《ぜんじょう》に達して住す。

ブラーフマナよ、これが如来の足跡であるとも、如来の踏み通った跡であるとも、如来の踏み破った跡であるともいわれる。しかしこれだけで聖なる弟子は、「世尊は正覚者である。世尊によって法はよく説かれた。世尊の弟子僧伽はよく実践する」と確信しない。

漏尽智《ろじんち》

このように三昧に入った心が、清浄となり、明澄になり、汚点なく、汚濁を離れ、柔軟となり、機敏となり、確固として不動のものとなると、彼は、諸漏の滅尽についての智に心を向ける。

彼は、「これが苦である」、「これが苦の因である」、「これが苦の滅である」「これが苦の滅にいたる道である」と如実に知る。「これが漏である」、「これが漏の因である」、「これが漏の滅である」、「これが漏の滅にいたる道である」と如実に知る。

ブラーフマナよ、これが如来の足跡であるとも、如来の踏み通った跡であるとも、如来の踏み破った跡であるともいわれる。しかしこれだけで聖なる弟子は、「世尊は正覚者である。世尊によって法はよく説かれた。世尊の弟子僧伽はよく実践する」と確信しない。

阿羅漢果《あらかんか》

彼がこのように知り、このように見るとき、心は愛欲の漏より解脱し、心は生存の漏より解脱し、心は無明の漏より解脱する。解脱したときに「解脱した」という智が生じ、「生はすでに尽きた、梵行（仏道）は成就した。なすべきことはなしおわった、ふたたびこのような事態をまねくことはない」と知る。

ブラーフマナよ、これが如来の足跡であるとも、如来の踏み通った跡であるとも、如来の踏み破った跡であるともいわれる。ブラーフマナよ、実にここにいたって聖なる弟子は、「世尊は正覚者である。世尊によって法はよく説かれた。世尊の弟子僧伽はよく実践する」と確信する。

ブラーフマナよ、実にここにいたって、象の足跡の喩が十分に尽くされたことになるのです。」

このように説かれたとき、ブラーフマナのジャーヌッソーニは世尊につぎのように言いました。

「すばらしいことです、ゴータマよ。すばらしいことです、ゴータマよ。あたかも倒れたものを起こすように、また覆われたものを開くように、また迷ったものに道を示すように、また眼あるものは形を見るであろうと暗闇に灯火をかかげるように、このように様々な仕方で、ゴータマによって法は明らかにされた。このわたしはゴータマに帰依いたします。また法と比丘僧伽に帰依いたします。ゴータマは、わたしを帰依したウパーサカとして、今日から生命ある限り、受け入れてくださいますように」と。

『中部経典 27象の足跡の喩え』(*Majjhima Nikāya 27 Cūlahatthipadopamasutta*, vol. 1, pp. 175-184)。邦訳には、羽矢辰夫訳「象の足跡とブッダの智慧」(『原始仏典』第四巻、中部経典I、春秋社、pp. 409-420)、南伝第九巻中部経典一「二七　象跡喩小経」(pp. 314-328) などがある。

34　堅固な信仰

この如来に対する信仰は、根拠をもったものであり（ākāravatī）、見ることを根本とし（dassana-mūlikā）、堅固であり、沙門やブラーフマナや神や魔やブラフマン神によっても、世のなにものによっても、奪われることがない。

『中部経典47　観察経』（*Majjhima Nikāya 47 Vīmaṃsakasutta*, vol. 1, p. 320）。邦訳には、浪花宣明訳「如来の本性を考察する」（『原始仏典』第五巻、中部経典II、春秋社、p. 91）、南伝第十巻中部経典二「思察経」（p. 54）などがある。

——解説——

このパーリ中部経典47「観察経」に相当する漢訳は、中阿含経一八六「求解経」であり、次のようである。

これ信というは、見を本とし、不壊《ふえ》にして、智と相応する。沙門やブラーフマナや神や悪魔やその他の世間のものは、奪うことができない。（是謂信見本、不壊智相応。沙門梵志天及魔梵及餘世間無有能奪。）

中阿含経一八六、求解経、大正蔵1, p. 732a5-6.

35　和合している人びとの集まり――晩年のパセーナディ王

さらにまた尊師よ、王たちも王たちと争い、クシャトリヤたちもクシャトリヤたちと争い、ブラーフマナたちもブラーフマナたちと争い、家主たちも家主たちと争い、母も息子と争い、息子も母と争い、父も息子と争い、息子も父と争い、兄弟も兄弟と争い、兄弟も姉妹と争い、姉妹も兄弟と争い、友も友と争う。

しかしここでは、尊師よ、私は比丘たちを見るに、和合《わごう》し、喜び迎え、争わず、乳と水のようであって、互いに愛情をこめた眼で見つめあって住んでいる。尊師よ、私はこれ以外に他にこのように和合している人びとの集まりを見たことがない。

『中部経典89　法尊重経』（*Majjhima Nikāya* 89 *Dhammacetiyasutta*, vol. 2, pp. 120-121）。邦訳には、田辺和子訳「世尊も八十歳、王も八十歳」（『原始仏典』第六巻、中部経典Ⅲ、春秋社、pp. 237-247）、南伝第十一巻上中部経典三「法荘厳経」（pp. 157-166）などがある。

――解説――

釈尊がメーダルンパという釈迦族の村に滞在しているときのことである。コーサラ国のパセーナディ王(波斯匿王《はしのくおう》)は、ディーガ・カーラーヤナ将軍を伴って、釈尊を訪問する。しかしその訪問の最中、ただ一人で釈尊にお会いしているときに、その将軍によって王は追放されてしまう。

王はこの時、釈尊に向かって、最高の敬意を示して、釈尊のうえに法との合致が種々に見られることを語る。その中の一つが、ここに引いた和合僧《わごうそう》である。そして最後に、「世尊も八十歳であり、私も八十歳である」と言って、再び最高の敬意を示して退出している。それから、王は自分が追放されたことを知る。そこで、助けを求めて王舎城のアジャータサットゥ王(阿闍世王)のところに行ったが、城門の外で命絶えてしまった。

パセーナディ王自身が争いの渦中にあり、仏陀釈尊の僧伽を改めて見て、それが争いを超えた人びとの集まりであることに感嘆している。この経典には、パセーナディ王による讃嘆の言葉のみがあり、仏陀釈尊の教説の言葉はない。特異な経典である。

パセーナディ王がディーガ・カーラーヤナ将軍によって追放されるに至った経緯などについては、本資料編No.37に記した『ダンマパダ注47』などに伝えられている。

36　和合僧

仏陀の出現は楽しい。正法の教説は楽しい。

僧伽の和合は楽しい。和合しているものたちの修養は楽しい。

『ダンマパダ194』（*Dhammapada* 194, p. 55）

「和合」（sāmaggī）とは、心を同じくすること（sama-cittatā）、心を一つにすること（eka-cittatā）であり、それもまた楽しみにほかならない。また「和合しているものたち」（samaggānaṃ）、心を一つにするものたちには（eka-cittānaṃ）、仏陀の言葉を学ぶこと、あるいは厳しい修養を実行すること、あるいは沙門の法を実践することができるから、それ故に「和合しているものたちの修養は楽しい」と説かれたのである。

『ダンマパダ注194』（*Dhammapada-aṭṭhakathā*, vol. 3, pp. 249-250）。

――解説――

前の資料No. 35に見たようなパセーナディ王が感嘆する僧伽の和合とは、仏弟子たちが心を一つにして、すなわち仏陀釈尊の心と一つになって歩むことが、この注釈に語られている。

37 親族の木陰は涼しい——釈迦族の滅亡

要略

コーサラ国のパセーナディ王（波斯匿王《はしのくおう》）は、釈迦族から娘をもらって后にしようとした。釈迦族は、大臣マハーナーマンと下女の間に生まれた娘ヴァーサバカッティヤーを、クシャトリヤの娘だと言って差しだした。ヴァーサバカッティヤーの子は、ヴィドゥーダバ（毘瑠璃《びるり》）と名づけられた。少年になって母の故郷を訪ねたとき、自分の母が下女の子であることを知った。ヴィドゥーダバは、王位についたなら、かならず怨みをはらそうと思った。

パセーナディ王には、友人でもある大変にすぐれた将軍バンドゥラがいた。その将軍を嫉むものの讒言《ざんげん》にのせられて、王は、将軍と三十二人の息子たちをみな殺してしまった。後に無実の罪であることを知って、後悔し、殺した将軍の甥であるディーガ・カーラーヤナを将軍に取り立てた。しかし将軍となったカーラーヤナは、この王が伯父を殺したのだということを忘れなかった。

そして、パセーナディ王が、メーダルンパという釈迦族の村に滞在している釈尊を訪ねたとき、将軍ディーガ・カーラーヤナは、王を一人そこに置き去りにして、サーヴァッティで、ヴィドゥーダバを王位につけたのである。（その後のパセーナディ王については、前の資料No.35を参照のこと。）

王位についたヴィドゥーダバは、怨みを思い出し、釈迦族をみな殺しにしようと、大軍を率いて出発した。釈尊はそのことを知って、カピラヴァットゥの郊外にある樹の根もとに坐った。ヴィドゥーダバ王は、釈尊を見て、近づき礼拝して言った。

「尊師よ、こんなに暑い時期に、どうしてまばらな葉陰の木の根もとに坐っておられるのですか。尊師よ、こちらの茂った葉陰のニグローダ樹の根もとに坐られたらいいのに。」

「大王よ、結構です。親族たちの陰が涼しいのです。」

要略

ヴィドゥーダバ王は、釈尊の心を知って引き返していった。しかし王は、釈迦族の悪意を思い出し再び出発したが、同じところで釈尊を見て再び引き返した。三度目も同じであった。

四度目に出発したときに、師は、釈迦族たちの以前の業を観察して、彼らが河に毒を投げ込んだ悪業〔の果報〕を避けることができないことを知って、四度目には出かけられなかった。

『ダンマパダ注47』(*Dhammapada-aṭṭhakathā*, *Viḍūḍaba-vatthu*, vol. 1, pp. 337-362)。その他、ジャータカ物語第465話「バッダサーラ前生物語」(*Bhaddasālajātaka*, *Jātaka* 465, vol. 4, pp. 146-152;『ジ

ャータカ全集』第6巻、春秋社、pp. 145-158)、『五分律』巻二十一、衣法(大正蔵22, p. 141a-c)、『四分律』巻四十一、衣犍度(大正蔵22, pp. 860c-861a)などにも伝えられている。

38 デーヴァダッタの破僧

——解説——

デーヴァダッタによる破僧は、パーリ律の犍度部《けんどぶ》小品の第七「破僧犍度《はそうけんど》」などに伝えられている。『パーリ律 小品』(*Vinaya-piṭaka, Cullavagga, 7 Saṃghabhedakkhandhaka*, vol. 2, pp. 180-206)。邦訳には、南伝第四巻律蔵四「小品」第七破僧犍度(pp. 278-317)などがある。その他、『四分律』巻四十六、破僧揵度(大正蔵22, pp. 909b-913c)、*The Gilgit Manuscript of the Saṅghabhedavastu* (Being the 17th and Last Section of the Vinaya of the Mūlasarvāstivādin, Part I, II, 1977-1978)、『根本説一切有部毘奈耶破僧事』(大正蔵24, pp. 99-20)などにも伝えられている。

39　四姓平等

(1)ヴァサラ経

――解説――

経題の「ヴァサラ」は「賤民」を意味する語である。この経は、釈尊がブラーフマナのバーラドヴァージャの家に乞食に行ったとき、バーラドヴァージャが釈尊を見て、「そこで止まれ、禿げ頭。そこで止まれ、卑しい沙門め。そこで止まれ、ヴァサラめ」という軽蔑の言葉を投げかけたことから始まっている。それに対して、釈尊は、バーラドヴァージャに、「ヴァサラとかヴァサラにする法を知っているのか」と問いかけ、「知らない」と答えた彼に、何がヴァサラであるか、いかにしてヴァサラになるのかを説いた教説である。

このように私は聞いています。ある時、世尊は、サーヴァッティのジェータ林にあるアナータピンディカの園に滞在していた。時に世尊は、朝のうちに、内衣を着け、鉢と上衣をもって、サーヴァッティに乞食のために入った。

その時、ブラーフマナのアッギカ・バーラドヴァージャ（火に事えるバーラドヴァージャ）の家には、火が燃えあがり供物がささげられていた。時に世尊は、サーヴァッティで順につづけて乞食して歩き、ブラーフマナのアッギカ・バーラドヴァージャの家に近づいた。

ブラーフマナのアッギカ・バーラドヴァージャは、世尊が遠くからやって来るのを見た。見おわって、世尊にこのように言った。「そこで止まれ、禿げ頭。そこで止まれ、卑しい沙門め。そこで止まれ、ヴァサラめ」と。

このように言われた世尊は、ブラーフマナのアッギカ・バーラドヴァージャにこのように言った。

「ブラーフマナよ、あなたはいったい、ヴァサラとかヴァサラにする法を知っているのか」と。

「ゴータマよ、実は私は、ヴァサラとかヴァサラにする法を知らない。私がヴァサラとかヴァサラにする法がどんなものかわかるように、どうかあなたゴータマが私に説き示してください」と。

「それではブラーフマナよ、聞くがよい。よく考えよ。説きましょう」と。

「そのようにしてください」と、ブラーフマナのアッギカ・バーラドヴァージャは世尊に答えた。

世尊はこのように言った。
一一六　怒りやすく、怨みをいだき、邪悪で隠蔽し、誤った見解をいだき、欺く人、そんな人をヴァサラというのだと知るべきである。(1)
一一七　一度生まれ(胎生)であれ二度生まれ(卵生)であれ、この世で生きものたちを害し、生きものに憐れみをもたないもの、そんな人をヴァサラというのだと知るべきである。(2)
一一八　村や町を破壊し、包囲する、悪名高き圧制者、そんな人をヴァサラというのだと知るべきである。(3)

一一九　村や森の中で、他人が所有しているものを、盗むことによって、与えられないものを取る者、そんな人をヴァサラというのだと知るべきである。（4）

一二〇　実際には債務を負うのに、返済を迫られては逃げだし、「あなたに対する負債はない」という者、そんな人をヴァサラというのだと知るべきである。（5）

一二一　わずかばかりのものを欲しさに、道行く人を殺してわずかのものを取る者、そんな人をヴァサラというのだと知るべきである。（6）

一二二　自分のため、他人のため、あるいは財産のために、証人として問われたときに嘘をつく者、そんな人をヴァサラというのだと知るべきである。（7）

一二三　親族のあるいは友人の妻に対して、力ずくにせよ合意にせよ、ふさわしくないことが見られる者、そんな人をヴァサラというのだと知るべきである。（8）

一二四　年老いて若さを失った母や父を、できるのに、養わない者、そんな人をヴァサラというのだと知るべきである。（9）

一二五　母、父、兄弟、姉妹、あるいは姑を、打ち、言葉で悩ませる者、そんな人をヴァサラというのだと知るべきである。（10）

一二六　利益を問われているのに不利益を教え、覆い隠して語る者、そんな人をヴァサラというのだと知るべきである。（11）

一二七　悪しき行為をして、私のことを知らないようにとのぞみ、行為を隠す者、そんな人をヴァサラというのだと知るべきである。(12)

一二八　他人の家に行っておいしい食事をいただいて、その人がやってきてももてなさない者、そんな人をヴァサラというのだと知るべきである。(13)

一二九　ブラーフマナ、沙門、あるいは他の乞食者に、嘘をついてだます者、そんな人をヴァサラというのだと知るべきである。(14)

一三〇　ブラーフマナや沙門に、食事の時になっても、言葉でいらだたせて与えない者、そんな人をヴァサラというのだと知るべきである。(15)

一三一　愚かさに覆われて、ここにはないことを語り、わずかのものを貪り欲する者、そんな人をヴァサラというのだと知るべきである。(16)

一三二　自己を褒め他者をけなし、自らの慢心で卑劣な者、そんな人をヴァサラというのだと知るべきである。(17)

一三三　悩まし、けちで、邪悪な心をもち、貪欲で、ずる賢く、恥知らずで、罪を恐れない者、そんな人をヴァサラというのだと知るべきである。(18)

一三四　仏陀を誹り、あるいはその弟子、遊行者、在家者を誹る者、そんな人をヴァサラというのだと知るべきである。(19)

一三五　阿羅漢ではないのに阿羅漢であると主張する、ブラフマン神を含む世間における盗人、これが最低のヴァサラである。私があなたたちに説き明かしたこれらのものが、ヴァサラといわれるのである。(20)

一三六　生まれによってヴァサラになるのではなく、生まれによってブラーフマナになるのではない。行為によってヴァサラになり、行為によってブラーフマナになる。

不浄な行為を雨ふらすもの（vassanato）がヴァサラ（vasalo）であり、清浄な行為によって不浄なものを排除するもの（bāhanato）がブラーフマナ（brāhmaṇa）である。

あるいは、あなたがたがヴァサラは賤しくブラーフマナは貴いと思うでもあろうから、それゆえ、賤しい行為によってヴァサラとなり、貴い行為によってブラーフマナとなると、このようにも意味を知らせようと、このように言ったのである。(21)

一三七　それを、私が示すこの例のように、これによっても知るがよい。チャンダーラの息子で犬食いのマータンガというよく知れわたった者がいた。(22)

一三八　そのマータンガは、とても得がたい最高の名声を得て、多くのクシャトリヤやブラーフマナたちが、彼に仕えるためにやって来た。(23)

一三九　彼は神々の道である汚れのない大道を登り、欲貪を離れて、ブラフマン神の世界（梵天界）に行く者となった。その生まれは、彼がブラフマン神の世界に生まれることを妨げなかっ

たのである。(24)

一四〇　ブラーフマナたちは、ヴェーダを読誦する家に生まれ、ヴェーダの言葉に精通している。彼らもまた悪しき行為をしているのがしばしば見られる。(25)

一四一　現世においては非難され、来世には悪趣である。生まれは、彼らを、悪趣や非難からふせがない。(26)

一四二　生まれによってヴァサラになるのではなく、生まれによってブラーフマナになるのではない。行為によってヴァサラになり、行為によってブラーフマナになる。(27)

このように説かれたとき、アッギカ・バーラドヴァージャは、世尊にこのように言った。

「尊者ゴータマよ、すばらしいことです。尊者ゴータマよ、すばらしいことです。尊者ゴータマよ、あたかも倒れたものを起こすように、また覆われたものの覆いを除くように、また迷ったものに道を示すように、また眼あるものは形を見るであろうと暗闇に灯火をかかげるように、このようにさまざまな仕方で、尊者ゴータマによって法は明らかにされた。このわたしは尊者ゴータマに帰依いたします。また法と比丘僧伽に帰依いたします。尊者ゴータマは、わたしを、今日より命の限り、帰依したウパーサカとして受け入れてくださいますように」と。

『スッタ・ニパータ』「1・7ヴァサラ経」(*Suttanipāta* 1.7 *Vasalasutta* 116-142, pp. 21-25)。邦訳には、中村元訳『ブッダのことば』(岩波文庫 pp. 32-36) などがある。

この経の冒頭で、釈尊に対して、「禿げ頭 **muṇḍaka**」「卑しい沙門 **samaṇaka**」「ヴァサラめ **vasalaka**」とあるように、ここでは言葉の最後にすべて〝**-ka**〟という接尾辞、すなわち指小辞が付加されている。指小辞は、可憐さや親愛を表わすためと、軽侮を表わすために用いられる。ここには、当時のブラーフマナのなかのあるものたちが、釈尊をはじめとする沙門たちに対して懐いていたと思われる、とても激しい軽蔑の念が表現されている。

ここでの主題となっている「ヴァサラ **vasala**」とは、ヴェーダ語の **vṛṣan**（男らしい、男）に指小辞（**-la**）を付けた **vṛṣala**（小さな、卑しむべき者）からきたパーリ語であり、賤民を意味する。

ここで釈尊は、生まれによってヴァサラになるのではなく、行為によってヴァサラになるのだと説いている。これは次に引く『ヴァーセッタ経』で、生まれによってブラーフマナになるのか、行為によってブラーフマナになるのかという主題と重なっている。

経の最後には、ヴァサラと呼ばれる最不浄のチャンダーラの例が引かれる。チャンダーラとして生まれたマータンガが梵天（ブラフマン神）の世界に生まれかわったという物語である。チャンダーラという生まれが梵天の世界に生まれることの障害にならなかったのであり、生まれが問題なのではないことの例証となっている。

マータンガの物語は、この経の注釈にも引かれ（村上真完・及川真介訳註『仏のことば註 パラマッタ・ジョーティカー』（一）pp. 456-470）、また「マータンガ・ジャータカ」（*The Jātaka* No. 497, *Mātaṅga-jātaka*）としても伝えられている（中村元監修・補註『ジャータカ全集』6, pp. 91-103）。

(2)ヴァーセッタ経

――解説――

ブラーフマナの青年ヴァーセッタと青年バーラドヴァージャが、「どのようにしてブラーフマナになるのか、それは生まれによるのか、業によるのか」と議論して、決着がつかず、釈尊に尋ねた。それに釈尊が答えた教説である。

このように私は聞いています。あるとき世尊は、イッチャーナンカラにあるイッチャーナンカラ林に滞在していた。そのとき、多くの有名で裕福なブラーフマナたちがイッチャーナンカラに住んでいた。それは例えば、チャンキン・ブラーフマナ、タールッカ・ブラーフマナ、ポッカラサーティ・ブラーフマナ、ジャーヌッソーニ・ブラーフマナ、トーデッヤ・ブラーフマナ、その他のそれぞれ有名で裕福なブラーフマナたちである。

そのとき、ヴァーセッタとバーラドヴァージャという二人の青年が逍遥して歩いているとき、このような議論が起きた。「君よ、どのようにしてブラーフマナになるのか」と。

バーラドヴァージャ青年はこのように言った。「君よ、母方と父方の両方がいい生まれで、七代前の先祖の時代から純潔な血統で、生まれを言って侮《あなど》られず非難されないなら、これだけでブラーフマナとなる」と。

ヴァーセッタ青年はこのように言った。「君よ、戒をたもち、誓いをまもるものは、これだけでブラーフマナとなる」と。

バーラドヴァージャ青年は、ヴァーセッタ青年を納得させることはできなかった。またヴァーセッタ青年は、バーラドヴァージャ青年を納得させることはできなかった。そこで、ヴァーセッタ青年は、バーラドヴァージャ青年にこのように言った。

「バーラドヴァージャよ、かの釈迦族の子で、釈迦族の良家から出家した沙門ゴータマが、イッチャーナンカラにあるイッチャーナンカラ林に滞在している。その尊者ゴータマにこのようなよき名声が生じている。すなわち、彼の世尊は、阿羅漢、正覚者、明行足、善逝、世間解、無上士、調御丈夫、天人師、仏、世尊であると。君、バーラドヴァージャよ、行こうではないか、沙門ゴータマのもとにまで行こう。行って、沙門ゴータマにこのことをたずねよう。われらに沙門ゴータマが答えるとおりに、それをそのまま受けいれようではないか」と。

「君、そうしよう」と、バーラドヴァージャ青年は、ヴァーセッタ青年に答えた。そこで、バーラドヴァージャとヴァーセッタの青年二人は、世尊のおられるところに近づいていった。近づいて、世尊に親しく挨拶し、親しく恭しい言葉を交わして、一方に坐った。一方に坐ったヴァーセッタ青年は、世尊に、偈頌をもって語った。
五九四　われらは二人とも、師から認められまた自ら認める三ヴェーダ学者である。私はポッカラサーティの弟子であり、この青年はタールッカの弟子である。(1)

五九五　三ヴェーダについて説かれていることについては、われらは完全に知っている。われらは聖典の語句や文法に精通し、読誦においては師に等しい。（2）

五九六　その私たちに、生まれを論じて争いがある、ゴータマよ。「生まれによってブラーフマナになる」とバーラドヴァージャは言い、私は「業による」と言う。眼あるかたよ、このように知ってください。（3）

五九七　そのわれら両方とも、お互いを納得させることができない。われらは、覚者として名高い世尊におたずねしようとやってきた。（4）

五九八　満月に向かって人々が合掌して敬い礼拝するように、そのように世間でゴータマを敬う。（5）

五九九　世間に出現した眼であるゴータマに、われらは問う。生まれによってブラーフマナになるのか、それとも業によってなのか。知らないわれらに語ってください。ブラーフマナとはいかなるものであるかをわれらがわかるように。（6）

六〇〇　世尊は言った。「ヴァーセッタよ、そのあなたたちに、生きものの生まれの区別を、順にあるがままに、私は説きましょう。生まれは互いに異なっているから。」（7）

六〇一　草や木のことを知るがよい。しかしそれらは自分のことを主張するわけではない。それらには生まれからくる区別のしるしがある。生まれは互いに異なっているから。（8）

六〇二　それから、虫やバッタや蟻や白蟻にいたるまでを知るがよい。それらには生まれからくる区別のしるしがある。生まれは互いに異なっているから。(9)

六〇三　小さな、また大きな四つ足の動物を知るがよい。それらには生まれからくる区別のしるしがある。生まれは互いに異なっているから。(10)

六〇四　腹を足にし長い背をもつ蛇を知るがよい。それらには生まれからくる区別のしるしがある。生まれは互いに異なっているから。(11)

六〇五　それから、水の中で生まれ、水に住む魚を知るがよい。それらには生まれからくる区別のしるしがある。生まれは互いに異なっているから。(12)

六〇六　それから、翼に乗って空を行く鳥を知るがよい。それらには生まれからくる区別のしるしがある。生まれは互いに異なっているから。(13)

六〇七　これらの生きものたちの間では生まれからくる区別のしるしが種々に異なっているように、人間たちの間では生まれからくる区別のしるしが、同じように種々に異なっているのではない。(14)

六〇八　髪にもなく、頭にもなく、耳にもなく、眼にもなく、口にもなく、鼻にもなく、唇にもなく、眉毛にもなく、(15)

六〇九　首にもなく、肩にもなく、腹にもなく、背にもなく、臀にもなく、胸にもなく、性器にも

なく、性交にもなく、(16)

六一〇　手にもなく、足にもなく、指や爪にもなく、脛にもなく、腿にもなく、膚《はだ》の色や声にもなく、他の生きものたちにおいてのように、生まれからくる区別のしるしは、決して種々に異なっていない。(17)

六一一　各々に身体をもった人間において、この生まれからくる区別のしるしは存在しない。人間における差異は、名称によって語られる。(18)

六一二　人間のなかで、牛を飼って生活するものはみな、彼は農夫であって、ブラーフマナではないと、ヴァーセッタよ、このように知るがよい。(19)

六一三　人間のなかで、種々の技能で生活するものはみな、彼は職人であって、ブラーフマナではないと、ヴァーセッタよ、このように知るがよい。(20)

六一四　人間のなかで、交易で生活するものはみな、彼は商人であって、ブラーフマナではないと、ヴァーセッタよ、このように知るがよい。(21)

六一五　人間のなかで、他人に使われて生活するものはみな、彼は使用人であって、ブラーフマナではないと、ヴァーセッタよ、このように知るがよい。(22)

六一六　人間のなかで、盗みで生活するものはみな、彼は盗人であって、ブラーフマナではないと、ヴァーセッタよ、このように知るがよい。(23)

六一七　人間のなかで、弓矢で生活するものはみな、彼は兵士であって、ブラーフマナではないと、ヴァーセッタよ、このように知るがよい。(24)

六一八　人間のなかで、司祭職で生活するものはみな、彼は司祭者であって、ブラーフマナではないと、ヴァーセッタよ、このように知るがよい。(25)

六一九　人間のなかで、村や国を享受するものはみな、彼は王であって、ブラーフマナではないと、ヴァーセッタよ、このように知るがよい。(26)

六二〇　そして私は、ブラーフマナが胎内から生まれ母から生まれたとは言わない。彼が何か少しもっているなら、「君、君」と言う者といわれるものになる。何ももたず、何も自らのものとしない、その人を私はブラーフマナと言う。(27)＝『ダンマパダ』396

六二一　すべての結縛を断ち切って、恐れなく、執着を超え、束縛なき者、その人を私はブラーフマナと言う。(28)＝『ダンマパダ』397

六二二　むち紐と革帯と綱と手綱とを断ち切って、横木を取り払った覚者、その人を私はブラーフマナと言う。(29)＝『ダンマパダ』398

六二三　罵りや鞭打ち拘禁に、忍耐力あり、強力な勢力あり、腐ることなく耐える者、その人を私はブラーフマナと言う。(30)＝『ダンマパダ』399

六二四　怒らず、誓いをまもり、戒をたもち、傲慢でなく、自制し、最後身の者、その人を私はブラーフマナと言う。(31)＝『ダンマパダ』400

六二五　蓮の葉にある水や、錐の先にあるカラシ種のように、諸の欲望の中で汚されない者、その人を私はブラーフマナと言う。(32)＝『ダンマパダ』401

六二六　まさしくここで、自らの苦の消滅を知り、重荷をおろし、繋縛を離れた者、その人を私はブラーフマナと言う。(33)＝『ダンマパダ』402

六二七　深い智慧あり、聡明で、道と非道をよく知り、最高の目的に達した者、その人を私はブラーフマナと言う。(34)＝『ダンマパダ』403

六二八　在俗のものたちや出家のものたちと両方とも交際せず、愛着処なく行き、欲少なき者、その人を私はブラーフマナと言う。(35)＝『ダンマパダ』404

六二九　動くものや動かない生きものに対する棒を置いて、殺さず殺させない者、その人を私はブラーフマナと言う。(36)＝『ダンマパダ』405

六三〇　対立するものたちのなかで対立することなく、棒を取るものたちのなかで冷静であり、執着するものたちのなかで執着なき者、その人を私はブラーフマナと言う。(37)＝『ダンマパダ』406

六三一　貪り、怒り、慢心、侮蔑が、錐の先からカラシ種が落ちるように落ちてしまった者、その人を私はブラーフマナと言う。(38)＝『ダンマパダ』407

六三二　粗暴でなく、有益な、真実の言葉を発し、それでだれも傷つけることのない者、その人を私はブラーフマナと言う。(39)＝『ダンマパダ』408

六三三　長いもの短いものであれ、小さいもの大きいものであれ、美しいもの美しくないものであれ、世間において、与えられないものを取らない者、その人を私はブラーフマナと言う。(40)＝『ダンマパダ』409

六三四　この世にもあの世にも希求がなく、願望なく繫縛を離れた者、その人を私はブラーフマナと言う。(41)＝『ダンマパダ』410

六三五　愛着がなく、証知して、疑いがなく、不死に深く入ることを得た者、その人を私はブラーフマナと言う。(42)＝『ダンマパダ』411

六三六　この世で、福徳も罪悪も、両方の執着を超えて、憂いなく、汚れなく、清浄な者、その人を私はブラーフマナと言う。(43)＝『ダンマパダ』412

六三七　汚れなき月のように清く澄んで濁りがなく、喜びや境涯が消滅した者、その人を私はブラーフマナと言う。(44)＝『ダンマパダ』413

六三八　この難所、悪路、流転、迷妄を越えて、渡って彼岸に達し、静慮し、不動で、疑いなく、取着なく涅槃した者、その人を私はブラーフマナと言う。(45)＝『ダンマパダ』414

六三九　この世での諸欲を捨てて、家なきものとして遊行し、欲望と境涯とが消滅した者、その人を私はブラーフマナと言う。(46)＝『ダンマパダ』415

六四〇　この世での渇愛を捨てて、家なきものとして遊行し、渇愛と境涯とが消滅した者、その人を私はブラーフマナと言う。(47)＝『ダンマパダ』416

六四一　人間の軛《くびき》を捨て、神々の軛を越えて、一切の軛という繋縛を離れた者、その人を私はブラーフマナと言う。(48)＝『ダンマパダ』417

六四二　快と不快を捨て、清涼となり、依りどころなく、すべての世間に勝《まさ》る勇者、その人を私はブラーフマナと言う。(49)＝『ダンマパダ』418

六四三　衆生たちの死去と誕生を完全に知って、執着なき善逝《ぜんぜい》である覚者、その人を私はブラーフマナと言う。(50)＝『ダンマパダ』419

六四四　神々やガンダルバや人間はその行方を知らない漏尽《ろじん》の阿羅漢《あらかん》、その人を私はブラーフマナと言う。(51)＝『ダンマパダ』420

六四五　前にも後にも中間にも何ももたず、無所有で執着なき者、その人を私はブラーフマナと言う。(52)＝『ダンマパダ』421

六四六　雄牛であり、最勝であり、勇者であり、大仙であり、勝者であり、不動の沐浴者《もくよくしゃ》である覚者、その人を私はブラーフマナと言う。(53)＝『ダンマパダ』422

六四七　前の生涯の住居を知り、天界や悪所を見、生《しょう》の消滅に達したもの、その人を私はブラーフマナと言う。(54)＝『ダンマパダ』423

六四八　というのは、これは世間における名称であって、名や姓はつけられたものだからである。世間の認容によって生じたものであり、その時ごとにつけられたものである。(55)

六四九　知らないものたちに、謬見が長い間にわたってひそんでいる。知らないものたちは、我々に言う。生まれによってブラーフマナになるのだと。(56)

六五〇　生まれによってブラーフマナになるのではなく、生まれによってブラーフマナではないものになるのではない。業《ごう》(行為)によってブラーフマナになり、業(行為)によってブラーフマナではないものになる。(57)

六五一　業(行為)によって農夫になり、業(行為)によって職人になり、業(行為)によって商人になり、業(行為)によって使用人になる。(58)

六五二　業(行為)によって盗人になり、業(行為)によって兵士になり、業(行為)によって司祭者になり、業(行為)によって王になる。(59)

六五三　このように、知者たちは、この業(行為)をありのままに見る。彼らは、縁起を見るものであり、業(行為)と結果をよく知るものたちである。(60)

六五四　世間は業(行為)によって成り立ち、生きものは業(行為)によって成り立つ。衆生は業(行為)に結びつけられている。進みゆく車にとっての轄《くさび》のように。(61)

六五五　苦行と梵行と制御と調教とによって、ブラーフマナとなる。これが最高のブラーフマナの境位である。(62)

六五六　三明《さんみょう》をそなえ、静寂であり、後有《ごう》が消滅したもの、それが知者たちにとってのブラフマン神でありインドラ神であると、ヴァーセッタよ、このように知るがよい。(63)

このように説かれたとき、ヴァーセッタとバーラドヴァージャ青年の二人は、世尊にこのように言った。

「尊者ゴータマよ、すばらしいことです。尊者ゴータマよ、すばらしいことです。尊者ゴータマよ、あたかも倒れたものを起こすように、また覆われたものの覆いを除くように、また迷ったものに道を示すように、また眼あるものは形を見るであろうと暗闇に灯火をかかげるように、このようにさまざまな仕方で、尊者ゴータマによって法は明らかにされた。このわれらは、尊者ゴータマに帰依いたします。また法と比丘僧伽に帰依いたします。尊者ゴータマは、われらを、今日より命の限り、帰依したウパーサカとして受け入れてくださいますように」と。

『スッタ・ニパータ』「3・9 ヴァーセッタ経」594-656（*Suttanipāta* 3.9 *Vāseṭṭhasutta* 594-656, pp. 21-25)。邦訳には、中村元訳『ブッダのことば』（岩波文庫 pp. 131-142）などがある。

この経の中心の主題は、「生まれによってブラーフマナになるのではなく、業（行為）によってブラーフマナになる」である。そしてこの経の第651偈、第652偈では、農夫、職人、商人、使用人、盗人、兵士、司祭者、王があげられ、それらを成り立たせるものは業（行為）であると例示されているのだから、第650偈のブラーフマナとなるための業（行為）も、農夫などと同様に、ブラーフマナであることを成り立たせる業（行為）であると理解しなければならない。

ブラーフマナになるのは生まれによるのではないと明言されているから、いわゆるブラーフマナの伝統思想を批判したものと十分に理解できる。しかし、結局は、業（行為）によってブラーフマナになるというのであるから、ヴァルナ体制におけるブラーフマナを容認しているのだと理解しなければならないことになる。とすれば、ここで展開されるヴァルナ体制への批判は、まったく不十分であり、四姓平等の立場と合致しないことになると、しばしば評論されてきた。

しかし、この経の第650偈をそのように理解するのは、第651偈、652偈との連関の中だけで読んだからである。実際この経は、第612偈から第619偈において、農夫から王までがあげられ、それとブラーフマナとの異なりが説かれている。この限りでは、第650偈、第651偈、652偈と密接に対応している。ところが、第620偈から第647偈の28偈にわたって、いかなる人をブラーフマナと言うのかが説かれている。そしてここはちょうど『ダンマパダ』第396偈から第423偈にも対応しているのであるが、ここで言うブラーフマナとは、例えば第646偈に「不動の沐浴者である覚者、その人を私はブラーフマナと言う」とあるように、仏道を成就したもの、すなわち仏陀のことを言っているのである。その他の偈もみな、仏道を成就するための業を説いていることがわかる。

したがって、ここで「業（行為）によってブラーフマナになる」というのは、十善業をはじめとする仏道を達成する業（行為）によってブラーフマナすなわち仏陀になると言っているのだと理解すべきなのである。「ブラーフマナ」から、もはやブラーフマナたちが主張してきた意味をすべて剝奪し、まったく新たな意味で用いていることになる。時に、求道しているゴータマを指して「ブラーフマナ」と呼び、仏道を指して「梵行」と呼ぶのも、同様に考えるべきであろう。だからまた、四姓平等の立場となんら矛盾しているのではない。また、後に引く経典と同様に、業（行為）を、基本的には、十善業や十不善業を意味するものと解するのが自然であろう。

(3) 世《せい》起《き》経《きょう》

——解説——

高名なブラーフマナの弟子であった青年ヴァーセッタと青年バーラドヴァージャの二人は、議論の決着をつけるために釈尊を訪ね、教説を聞いて釈尊に帰依し優婆塞となり、やがて釈尊のもとで出家する。『スッタ・ニパータ』(3.9, 594-656) の中の「ヴァーセッタ経」、長部経典13の「三明経」は、二人が釈尊に帰依し優婆塞になったことを伝えている。長部経典27の「世起経」は、釈尊のもとで出家した二人の青年に、釈尊が話しかけたところから始まっている。以下、省略しながら、四姓平等に関わるところのみを引用する。

〔世尊はヴァーセッタに言う。〕

「ヴァーセッタよ、あなたたち（ヴァーセッタとバーラドヴァージャ）は、ブラーフマナの生まれで、ブラーフマナの家系で、ブラーフマナの家の出身でありながら、家を出て家なきものとして歩み出しました。ヴァーセッタよ、ブラーフマナたちは、あなたがたを罵《ののし》り非難していないだろうか。」

「尊師よ、ブラーフマナたちはこのように言います。「ブラーフマナだけが最上のヴァルナ（階級）であり、他は下劣なヴァルナである。ブラーフマナだけが浄らかになるのであり、ブラーフマナでないものはそうならない。ブラーフマナだけが、ブラフマン（梵天《ぼんてん》）の嫡子《ちゃくし》であり、口から生まれたものであり、ブラフマンから生まれたものであり、ブラフマンによって創られ、ブラフマンの相続者である。

おまえたちは、最上のヴァルナを捨て、下劣なヴァルナに、すなわち、禿《は》げ頭《あたま》で、卑しい沙門で、下賤な黒いものたちで、ブラフマンの足より生まれたものたちに従っている。これはよろしくない、これはふさわしいことではない」と。」

「ヴァーセッタよ、この四つのヴァルナがある。クシャトリヤ、ブラーフマナ、ヴァイシャ、シユードラである。

ヴァーセッタよ、ここにクシャトリヤであってもある者は、殺生し、盗み、邪婬《じゃいん》をなし、妄語《もうご》し、両舌《りょうぜつ》をなし、悪口《あっく》をなし、綺語《きご》し、貪欲《とんよく》をおこし、瞋恚《しんに》の心あり、邪見《じゃけん》をいだく。

ヴァーセッタよ、このように、不善であり、不善といわれ、咎《とが》あり、咎ありといわれ、修すべきでなく、修すべきでないといわれ、高貴なものにふさわしくなく、高貴なものにふさわしくないといわれ、黒く、黒い果報があり、知者に非難される性質の者たちが、ここにクシャトリヤであってもそのようなある者たちが見うけられる。

ブラーフマナであっても……、ヴァイシャであっても……、シュードラであっても……そのようなある者たちが見うけられる。

ヴァーセッタよ、ここにクシャトリヤであってもある者は、殺生を離れ、盗みを離れ、邪婬を離れ、妄語を離れ、両舌を離れ、悪口を離れ、綺語を離れ、貪欲なく、瞋恚の心なく、正見の者となる。

ヴァーセッタよ、このように、善であり、善といわれ、咎なく、咎なしといわれ、修すべきであり、修すべきといわれ、高貴なものにふさわしく、高貴なものにふさわしいといわれ、白く、白い果報があり、知者に称賛される性質の者たちが、ここにクシャトリヤであってもそのようなある者たちが見うけられる。

ブラーフマナであっても……、ヴァイシャであっても……、シュードラであっても……そのようなある者たちが見うけられる。

ヴァーセッタよ、この四つのヴァルナのなかには、このように黒と白の性質のもの、知者に非難されるのと知者に称賛される性質のものとの二つが混ざっているというのに、ここでブラーフマナたちが「ブラーフマナだけが最上のヴァルナであり、他は下劣なヴァルナである。ブラーフマナだけが浄らかになるのであり、ブラーマナでないものはそうならない。ブラーフマナだけが、ブラフマンの嫡子であり、口から生まれたものであり、ブラフマンから生まれたものであり、ブラフマンによって創られ、ブラフマンの相続者である」とこのように言っていることを、知者たちは認めない。

ヴァーセッタよ、あなたたちは、さまざまな生まれ、さまざまな名前、さまざまな氏姓、さまざまな家の出身でありながら、家を出て家なきものと歩み出した。「あなたたちは何ものか」と問われたときには、「われらは沙門釈子《しゃもんしゃくし》（samaṇā sakyaputtiyā 釈迦族の子である釈迦牟尼の教えにしたがう沙門）である」（178頁の補注参照）と認めるがよい。

ヴァーセッタよ、その人の如来への信仰が、安定し、定着し、確立し、堅固であり、沙門やブラーフマナであれ、神や魔やブラフマン神であれ、世間の誰によっても破壊されないものとなっているその人には、このように言うことは適《かな》っている。すなわち「私は、世尊の嫡子であり、口から生まれ、法から生まれ、法によって創られ、法の相続者である」と。それはなぜか。なぜならヴァーセッタよ、如来にはこのような呼び名があるからである。すなわち「法を身体とするものである」とも、「ブラフマンを身体とするものである」とも、「法となったもの」とも、「ブラフマンとなったもの」とも言われるからである。

『長部経典27 世起経』（*Dīgha Nikāya 27 Aggaññasuttanta*, vol. 3, pp. 81-84）。邦訳には、岡田行弘訳「人間世界の起源」（『原始仏典』第三巻、長部経典III、春秋社、pp. 114-140）、南伝第八巻長部経典

三「二七　起世因本経」（pp. 97-120）などがある。漢訳相当経に、長阿含経第五経「小縁経」（大正蔵1, pp. 36b-39a）がある。

(4) マドゥラ経

——解説——

四つのヴァルナがまったく平等であることを明言する経典がある。ブラーフマナたちが主張する「ブラーフマナだけが最上のヴァルナである」というのは、なんの根拠もないただの世間の声にすぎないということを種々の点から明らかにして、先の「世起経」と同様に、どのヴァルナの生まれであっても、殺生することもあり、殺生を離れることもあると説く。それでも同じくみな出家して沙門となることができる。だから「これらの四ヴァルナはまったく平等である」（ime cattāro vaṇṇā sama-samā honti）と説く。

『中部経典84　マドゥラ経』（*Majjhima Nikāya* 84 *Madhurasutta*, vol. 2, pp. 83-90）。邦訳に、岡野潔訳「階級の平等」（『原始仏典』第六巻、中部経典III、春秋社、pp. 152-170）、南伝第十一巻上中部経典三「八四　摩偸羅経」（pp. 111-122）などがある。

——解説——

「マドゥラ経」に相当する雑阿含経第五四八経「摩偸羅経」では、「どのヴァルナであっても、殺生することもあり、殺生を離れることもある。みな出家して沙門となることができる」ということを、特に業（行為）によるのだということを強調して説いている。

四姓《ししょう》は悉《ことごと》く皆平等《みなびょうどう》なり。何の差別《しゃべつ》か有らん。……四姓は世間の言説《ごんせつ》に差別《しゃべつ》せるのみなり。乃至《ないし》、業《ごう》に依《よ》るに真実に差別《しゃべつ》無きなり。……皆これ業にして、真実に業に依れり。

雑阿含経 第五四八経「摩偸羅経」（大正蔵2, p. 142a-143a）

(5)パハーラーダ経

——解説——

先の「世起経」で、出家して沙門になったものは、生まれや姓を捨てたのだから、沙門釈子だと認めるがいいと説かれていた。同様に、大河が海に流れ込めば、もとの名を失って大海と呼ばれることに喩えて、出家して沙門となれば、もとの名前や姓を捨て、ただ沙門釈子と呼ばれると説く経典がある。

たとえば、ガンガー、ヤムナー、アチラヴァティー、サラブー、マヒーという大河があり、これらが大海にいたれば、以前の名前や姓を捨て、ただ大海とのみ言われるように、これら、クシャトリヤ、ブラーフマナ、ヴァイシャ、シュードラの四ヴァルナも同様である。彼らが、如来所説《にょらいしょせつ》の法と律において出家すれば、以前の名前や姓を捨て、ただ沙門釈子《しゃもんしゃくし》（samaṇā sakyaputtiyā）とのみ言われる（178頁の補注参照）。

『増支部経典 8・19 パハーラーダ経』（*Aṅguttara Nikāya* 8.19 *Pahārāda* §14, vol. 4, p. 202）。邦訳に、河崎豊訳「パハーラーダ」（『原始仏典III』増支部経典第六巻、春秋社、p. 62）、南伝第二十一巻増支部経典五「波呵羅」（p. 68）などがある。その他の漢訳相当経に、増一阿含経二九・九（大正蔵第2, p. 658bc）、増一阿含経四二・四「須倫」（大正蔵2, pp. 752c-753c）、中阿含経三五「阿修羅経」（大正蔵1, pp. 475c-477b）がある。

補注「沙門釈子」― ここに引いた長部経典「世起経」や増支部経典「パハーラーダ」に見られる「沙門釈子」（*Pāli, samaṇā sakyaputtiyā*; *Sk.*, *śramaṇāḥ śākyaputrīyāḥ*）は、「釈迦族の子である釈迦牟尼の教えにしたがう仏弟子である沙門」という意味を表わす。「釈子」は、本来、釈迦族の出であることを意味して、「釈子ゴータマ」（gotamaḥ śākyaputraḥ）というように用いられる。だから、仏弟子を表わすものとしての「釈子」（śākyaputrīyāḥ）は、サンスクリット語で言えば、「釈子（釈迦族の出であるゴータマ）」（śākyaputraḥ）の派生語からくるのであり、「釈子（ゴータマの教え）にしたがうもの」「仏弟子」を意味する。したがって、「世起経」に相当する漢訳長阿含経「小縁経」は「沙門釈種子」と訳しているし（大正蔵 vol. 1, p. 37b1）、また増一阿含経二九・九経は「沙門釈迦弟子」「沙門釈種子」と訳す（大正蔵 vol. 2, p. 658c）。「種」とあるのは、「種姓」が問題となっているからである。このテキストで「沙門釈子」としたのは、この語が多用される律の用例にしたがったものである。『十誦律』や『四分律』などの広律はみな、沙門である仏弟子を「沙門釈子」と訳している。

「道安法師伝」によれば、魏や晋の時代の沙門たちは、安、支、竺などと師の姓にならって自分の姓を名のったが、大師の本に釈迦より尊い人はいないのだから、みな「釈」をもって氏とすべきだと言って、道安は自ら「釈道安」と名のった。後に伝わった増一阿含経に「四つの河が海に入ればその河の名はなくなるように、四姓もまた沙門となればみな釈種を称す」とあり、道安の言ったことと同じことが説かれていることがわかった。（『出三蔵記』「道安法師伝」大正蔵 vo. 55, 108b29-c3;『改訂 大乗の仏道』227頁）

40 自灯明法灯明（大般涅槃経 2・21−26）

そこで、世尊は、アンバパーリの林に心ゆくまで住まって、長老アーナンダに言った。「アーナンダよ、行きましょう。ベールヴァ村に行くことにしよう」と。

「そうしましょう、尊師よ」と、長老アーナンダは世尊に答えた。そこで、世尊は、大比丘僧伽とともに、ベールヴァ村のほうに行った。そのベールヴァ村で世尊は住まった。

そこで世尊は比丘たちに言った。「比丘たちよ、ここで汝らは、ヴェーサーリーのあちこちで、友のいるところ、知人のいるところ、仲間のいるところで、安居《あんご》に入るがよい。私はこのベールヴァ村で安居に入ろう」と。

「そうしましょう、尊師よ」と、比丘たちは世尊に答えて、ヴェーサーリーのあちこちで、友のいるところ、知人のいるところ、仲間のいるところで、安居に入り、世尊はそのベールヴァ村で安居に入った。

さて、世尊が安居に入ったとき、激しい苦痛が生じ、死ぬほどの強い痛みがおそった。世尊は、念いをたもちまさしく知りつつ、悩まされず、それらに耐えた。

そこで世尊はこのように思った。「随従のものたちに何も言わず、比丘僧伽に知らせずに般涅槃《はつねはん》するというのは、わたしにふさわしいことではない。いまは、わたしはこの病いを勇気でおさえ、寿命という形成体を保持して住まることにしよう」と。

そこで世尊は、その病いを勇気でおさえ、寿命という形成体を保持して住まった。そこで世尊のその病いはしずまった。

そこで、世尊は病いから回復した。病いから回復してまもなく、住居を出て、住居の日陰に設けられた座にすわった。そこで、長老アーナンダは、世尊のところに近づいた。近づいて世尊に挨拶し一方にすわった。一方にすわった長老アーナンダは世尊にこのように言った。

「尊師よ、世尊には快適のように私には見えます。尊師よ、世尊にはよくなられたように私には見えます。尊師よ、世尊が病いになられて、私の身体はまるで芯をなくしたかのようになり、方位もわからなくなり、教えも私に思いうかばなくなりました。しかし尊師よ、私には少しばかりの慰めがありました。世尊が比丘僧伽のためになにかを語られないかぎりは、世尊は般涅槃されないだろうと思って」。

「アーナンダよ、比丘僧伽は私に何を期待するのか。アーナンダよ、私は、内にも外にもかくさず法を説き示した。アーナンダよ、如来には、諸法に対する教師の握り拳はない。アーナンダよ、「私は比丘僧伽を導こう」とか「比丘僧伽は私に頼っている」とこのように思うものこそが、比丘僧伽のためになにかを語るであろう。アーナンダよ、如来は、「私は比丘僧伽を導こう」とか「比丘僧伽は私に頼っている」とこのように思っていない。

アーナンダよ、私はいまや老いて、年をとり、高齢で、旅路を過ぎて、老齢に達した。私の年齢は八十になった。例えば、アーナンダよ、古い荷車が革ひもの助けで進むように、それと同じく、アーナンダよ、如来の身体も、思うに革ひもの助けで動いているのです。

アーナンダよ、如来が、すべての表象相《ひょうしょうそう》(nimitta)に心を向けず、一部の感受を消滅することによって、表象相を離れた心三昧《しんさんまい》を達成して住するとき、アーナンダよ、そのとき如来の身体は、快適となるのです。

それ故に、アーナンダよ、ここで汝らは、自己を灯明とし、自己をよりどころとし、他をよりどころとせず、法を灯明とし、法をよりどころとし、他をよりどころにせず住するがよい。

ではアーナンダよ、比丘はいかにして、自己を灯明とし、自己をよりどころとし、他をよりどころとせず、法を灯明とし、法をよりどころとし、他をよりどころにせず住するのか。

ここにアーナンダよ、比丘は、身体において身体を観察して住し、熱心に、まさしく知りつつ念いをたもち、世間における貪欲と憂いとを除くべきである。感受において……。心において……。諸法において諸法を観察して住し、熱心に、まさしく知りつつ念いをたもち、世間における貪欲と憂いとを除くべきである。アーナンダよ、このようにして比丘は、自己を灯明とし、自己をよりどころとし、他をよりどころとせず、法を灯明とし、法をよりどころとし、他をよりどころにせず住するのです。

アーナンダよ、ここにおいて、あるいは私の逝去後において、自己を灯明とし、自己をよりどころとし、他をよりどころとせず、法を灯明とし、法をよりどころとし、他をよりどころにせず住するものたちはみな、アーナンダよ、私にとって、学ぼうとする最高の比丘たちです。」

『長部経典16　大般涅槃経』(*Dīgha Nikāya* 16, *Mahāparinibbāna-suttanta* 2.21-26, vol. 2, pp. 98-101)。邦訳に、中村元訳『ブッダ最後の旅―大パリニッバーナ経―』(岩波文庫 pp. 60-64)、南伝第七巻長部経典二「一六　大般涅槃経」(pp. 65-69) などがある。

41　如来の最後の言葉 (大般涅槃経　6・7)

そこで世尊は比丘たちに告げた。

「さあ、比丘たちよ、いま、汝らに言っておこう。形あるものは滅びゆくものである。不放逸《ふほういつ》に努めよ。」

これが如来の最後の言葉であった。

『長部経典16　大般涅槃経』（*Dīgha Nikāya* 16, *Mahāparinibbāna-suttanta* 6.7, vol. 2, pp. 155-156）。

邦訳に、中村元訳『ブッダ最後の旅—大パリニッバーナ経—』（岩波文庫 p. 158）、南伝第七巻長部経典二「一六　大般涅槃経」（p. 144）などがある。

42　般《はつ》涅《ね》槃《はん》

—解説—

(1)ニグローダ・カッパの般涅槃

『スッタニパータ』（2.12: 343-358）の中に「ヴァンギーサ経」（「ニグローダ・カッパ経」ともいう）がある。アーラヴィのアッガーラヴァ霊廟において、長老ヴァンギーサの和尚（指導教師）であった上座ニグローダ・カッパが般涅槃した。それから間もないころ、一人静かに坐っている長老ヴァンギーサに、「私の和尚は般涅槃したのだろうか、それとも般涅槃していないのだろうか」という思いが生じた。そこで、長老ヴァンギーサは、世尊のところに行ってそのことを尋ねた。（以下は、要点のみの訳である。）

三四三　現実に疑惑を断ち切ってくださる、智ある師にお尋ねします。アッガーラヴァで、よく知られ名声あり、静かな自己を得ている比丘が、命終しました。

三四四　彼の名はニグローダ・カッパといい、世尊よ、あなたがお付けになったのです。

三四六　私たちの疑惑を断ち切ってください。このことをお話しください。彼は般涅槃《はつねはん》したのかどうかを教えてください。広汎な智慧あるかたよ。

三五四　カッパーヤナ（ニグローダ・カッパのこと）がそのために梵行をなしたその目的は空《むな》しくなかったのでしょうか。彼は涅槃《ねはん》した（＝般涅槃した）のでしょうか、それとも残余があるのでしょうか。どのように解脱したのか、それをお聞きしたいのです。

三五五「彼は、この世で、名称と形態への渇愛《かつあい》を断ちきったのです」と世尊は言う。「長時に横たわっていた黒魔の流れを断ち切って、誕生と死とを余すところなく渡りきったのです」。このように五者の最上者である世尊は言った。

『スッタ・ニパータ』「2・12ヴァンギーサ経」343-358（*Suttanipāta* 2.12 *Vaṅgīsasutta* 343-358, pp. 59-62）。邦訳には、中村元訳『ブッダのことば』（岩波文庫 pp. 72-75）などがある。

(2)ゴーディカの般涅槃

このように私は聞いています。あるとき、世尊は、王舎城の竹林園のカランダカニヴァーパに滞在しておられた。

その時、長老ゴーディカは、イシギリ山の山腹にあるカーラシラーに滞在していた。

そこで、長老ゴーディカは、不放逸《ふほういつ》に、熱心に、精励して住し、三昧の心解脱に達した。そこで、長老ゴーディカは、その三昧の心解脱から退転した。

二度目も、長老ゴーディカは、不放逸に、熱心に、精励して住し、三昧の心解脱に達した。二度目も、長老は、その三昧の心解脱から退転した。三度目も、長老ゴーディカは、不放逸に、……退転した。四度目も、長老ゴーディカは、不放逸に、……退転した。五度目も、長老ゴーディカは、不放逸に、……退転した。六度目も、長老ゴーディカは、不放逸に、熱心に、精励して住し、三昧の心解脱に達した。六度目も、長老ゴーディカは、その三昧の心解脱から退転した。

七度目も、長老ゴーディカは、不放逸に、熱心に、精励して住し、三昧の心解脱に達した。

そこで、長老ゴーディカは、このように思った。「六度まで、私は、三昧の心解脱から退転した。さあ、いまや、私は刀をとったらどうだろうか」と。

そこで、悪魔パーピマンは、長老ゴーディカの心の中の思いを知って、世尊のところに近づいた。近づいて、世尊に偈頌で言った。

大いなる勇者、大いなる知者にして、神力と名声に輝き、すべての憎悪と恐れを超えたかた、眼あるかたよ、私は御足《みあし》に礼拝《らいはい》いたします。

大いなる勇者よ、死を克服したかたよ、あなたの弟子は、死を望み、思いつめています。光り輝くかたよ、彼をおとどめください。

世尊よ、教えを喜んでいるあなたの弟子が、いまだ意を得ていない有学《うがく》であるのに、世に名あるかたよ、どうして死んでいいでしょうか。


そのとき、長老ゴーディカは、刀をとった。

そこで、世尊は、悪魔パーピマンであると知って、悪魔パーピマンに偈頌で言った。


智あるものたちはこのようにするのです。命を追い求めないのです。渇愛を根ごと引き抜いて、ゴーディカは、般涅槃《はつねはん》したのです。


そこで、世尊は、比丘たちに告げた。「比丘たちよ、行きましょう。イシギリ山の山腹にあるカーラシラーに行きましょう。そこで善男子《ぜんなんし》ゴーディカが刀をとったのです。」

「尊師よ、わかりました」と、その比丘たちは世尊に答えた。

そこで、世尊は、多くの比丘たちとともに、イシギリ山の山腹にあるカーラシラーに行った。世尊は、遠くから、長老ゴーディカが、床の上で、肩をまるめて横たわっているのを見た。

そのとき、煙のような雲、暗い雲が、東方に行き、西方に行き、北方に行き、南方に行き、上に行き、下に行き、四維《しい》に行った。

そこで世尊は比丘たちに言った。「比丘たちよ、あなたたちは、いま、あの煙のような雲、暗い雲が、東方に行き、西方に行き、北方に行き、南方に行き、上に行き、下に行き、四維に行くのを見たか」と。

「尊師よ、その通りです。」

「比丘たちよ、これは悪魔パーピマンが、善男子ゴーディカの識《しき》を探しているのです。「善男子ゴーディカの識はどこに住しているのか」と。しかし比丘たちよ、識はどこにも住することなく、善男子ゴーディカは般涅槃したのです。」

そこで、悪魔パーピマンは、ベールヴァ樹の黄色の琵琶《びわ》をもって、世尊のところに近づいた。近づいて偈頌で言った。

上に、下に、横に、四方八方、私は、探し求めたが、見つけることができなかった。あのゴーディカはどこに行ったのか。

彼は、智あり、堅実で、静思し、つねに静思を楽しみ、昼夜ひたすらつとめ、命を追い求めることなく、

悪魔の軍隊を征服し、もはや次の境涯にもどることなく、渇愛を根ごと引き抜いて、ゴーデ

イカは、般涅槃したのです。

悲しみにうちひしがれたその悪魔の腋から琵琶が落ちた。それからその気落ちしたヤッカ（夜叉《やしゃ》）はその場で消え去った。

『相応部経典 4・3・3ゴーディカ』（*Saṃyutta Nikāya* 4.3.3 *Godhika*, vol. 1, pp. 120-122）。邦訳には、中村元訳『悪魔との対話―サンユッタ・ニカーヤII―』（岩波文庫 pp. 48-52）、南伝第十二巻相応部経典一「瞿低迦」（pp. 203-207）などがある。

(3) ヴァッカリの般涅槃

――解説――

前の資料No. 32「ヴァッカリの信仰」を参照のこと。（本書123–132頁）

43　ジャータカ物語

(1) 兎前生物語《うさぎぜんしょうものがたり》（抄訳）

昔、菩薩《ぼさつ》は兎の胎内に生まれ、森に住み、猿、ジャッカル、カワウソの三匹の友だちとともに暮らしていた。兎は、布施をして戒をたもつことが大事だと、三匹に教え法を説いていた。

兎の戒をまもる熱意によって、帝釈天《たいしゃくてん》サッカの石の台座が熱くなった。その原因を知り、兎を試そうと、ブラーフマナの姿で森に行った。

そこで、ブラーフマナに食べ物を施そうと、カワウソは、河で漁師が魚を捕り砂をかけて隠してまた魚を捕りにいったあと、砂のなかから魚を取りだして、「この持ち主はいますか」と三度言ったが持ち主はあらわれなかったのでそれを持ち帰った。ジャッカルは、畑の番人の小屋の中に、二本の串に刺した肉と、一匹のトカゲと、ヨーグルトの壺を見つけ、「この持ち主はいますか」と三度言ったが持ち主はあらわれなかったのでそれを持ち帰った。猿は、森の中からたくさんのマンゴーを取ってきた。

さて兎は、ダッバ草を食べていたが、その草を施すことはできないし、胡麻や米などもないので、小枝を集めて火をつけてもらい、「私の身体が焼けたらその肉を食べてください」と言って、その火の中に飛び込んだ。しかし、兎の身体は焼けなかった。

帝釈天は、試すためにやってきたのだとわけを言って、兎の徳が永劫に知られるようにと、山を圧し搾《しぼ》って山の汁を取って、月に兎の姿を描いた。

師は、この教えを説いて、真実を明らかにし、前生を〔現在に〕結びつけた。「その時のカワウソはアーナンダであり、ジャッカルはモッガッラーナであり、猿はサーリプッタであり、兎の賢者は私にほかならなかった」と言って。

Sasa-jātaka, *The Jātaka* No.316（vol. 3, pp. 51-56）。邦訳に、松村恒・松田慎也訳「ウサギ前生物語」（『ジャータカ全集4』No.316, 春秋社、pp. 53-57）などがある。

――解説――

ここに抄訳一部意訳した「兎前生物語」は、パーリ語で伝えられたジャータカ物語である。パーリ語のジャータカ物語では、釈尊の前の生涯はすでに「菩薩」と呼ばれているが、その語が用いられ出してから後に編入されたものと考えられる。

ここでは、前生の釈尊の求道心を試そうと帝釈天が登場する。次に引く「シヴィ王前生物語」でも同様である。神々は、仏陀が現われ法を説くことを待ちこがれているのである。だからその求道心が本物であるかどうかを試そうとする。仏教がこのように神々を位置づけていることは、現在の生涯での、四門出遊のエピソードにおいて浄居天《じょうごてん》が出家の心を喚起しようとすることや、梵天の説法勧請のエピソードにも表われている。そしてそのことを直接に示唆するのは『賢愚経《けんぐきょう》』である。そこでは梵天勧請のエピソードからはじめている。悟りを得た仏陀が、迷妄と邪見の中にある衆生を教化するのは困難であり、この世に住しても無益だから、般涅槃するほうがいいだろうと思う。それを知った梵天が、般涅槃しないで説法することを勧請する。その時、昔、無数劫にわたって、衆生のために法を求めたのは何であったのか、いまどうして衆生を孤《ひと》りにして棄《す》てようとするのかと言って、六つの前生物語が語られ出すという構成になっている(『賢愚経』「梵天請法六事品第一」大正蔵4, No.202, pp. 349-352)。ただし『六度集経《ろくどじっきょう》』では、菩薩の慈悲深いすぐれた行為によって、命終え生まれかわるならば、帝釈天となるであろうから、自分の地位が奪われることを恐れて試そうとしたと語っている。このような受けとめも伝えられている(『六度集経』大正蔵3, No.152, p. 1b)。

兎の求道心を忘れないように、帝釈天が、月に兎の姿を描いたというエピソードは、このパーリ語のジャータカ物語や、『大唐西域記』(巻七)、あるいは日本に伝わる『今昔物語集』(巻第五、第十三)などにある。『今昔物語集』では、「よろずの人、月を見むごとにこの兎のこと思い出づべし」(岩波文庫、天竺・震旦部、207頁)と結んでいる。

帝釈天が登場しない兎前生物語も伝えられている。森に仙人がいて、兎たちに法を説き、食べ物がなくなって、終に兎が身体を火に投じて布施をするのであるが、現在との結合では、仙人は燃燈仏《ねんとうぶつ》であり、兎は私であったと語られているものがいくつかある。そしてそこでは、月に兎の姿を描く話は語られない。

(2)シヴィ王前生物語（抄訳）

過去久遠阿僧祇劫《くおんあそうぎこう》にシヴィという大国王がいた。大慈悲をもって、あわれみがすべてのものに及ぶように行いをなしていた。

帝釈天は、命終わらんとして、心は愁いみだれていた。毘首羯磨天《びしゅかつまてん》がどうしたのかとたずねると、帝釈天は言った。「いま命終わらんとしその兆候が現われているのに、世間は仏法がすでに滅しまた偉大なる菩薩がいない。いったい誰に帰依したらいいのか。それを愁《うれ》えているのだ」と。そこで毘首羯磨は、帝釈天に、「いま閻浮提《えんぶだい》にシヴィという大国王がいて、菩薩道を行なっている。志《こころざし》固《かた》く精進している。必ず仏道を成就するだろう。だからそこに行って帰依するのがいい」と言う。そこで帝釈天は、「まずはこの菩薩がまことであるかどうかを試すために、毘首羯磨天が鴿《はと》となり、自分は鷹《たか》となって、追いかけるから、シヴィ王の所に逃げ込み助けを求めるがいい。そこで彼を試みれば、本物かどうかわかるだろう」と言う。毘首羯磨天は、菩薩は偉大な人なのだから、苦しみを与えてはならない、むしろ供養すべきだ、と答える。しかし帝釈天は、悪心があってのことではなく、本物の金《きん》かどうかは試さないとわからないように、菩薩もまことであるかどうか試そうとするだけだと言う。

毘首羯磨天が姿を変えた鴿が、シヴィ王の腋の下に逃げ込んだ。後を追いかけてきた鷹は、王に向かって、「その鴿は自分の食物だからすみやかに返してほしい。私はいまとても飢えているのだ」と言う。シヴィ王は「すべてのものを救わなければならない。しかも私を頼ってきた鴿をどうしてあなたに与えることができるか」と答える。鷹は言う「あなたはすべてのものを救うと言ったが、私のようなものは、あなたの言うすべてに入らないのか」と。そこで王はたずねる「もし他の肉をさしあげるならどうだろう」と。鷹は言う「ただ新たに殺した熱い肉だけを私は食べている」と。

シヴィ王は、刀を持ってこさせ、自分の股《もも》の肉を割《さ》き、鴿の命に貿《か》えて、鷹に与えようとした。鷹は言う「いかに小鳥とはいえ、道理として偏《かたよ》りまがってはならない。この鴿と等しいだけの肉でないといけない」と。そこで王は、秤《はかり》をもってこさせ、股肉をすべて割き尽くした。それでも鴿よりも軽かった。さらに、両臂《ひじ》、両脇《わき》を割き、身中の肉をすべて尽くした。それでも鴿と等しくなかった。それで王は、身を挙《こぞ》って秤盤《はかりばん》にのせようとしたが、気力が続かず、またぐことができずに落ちて、悶《もん》絶《ぜつ》して気を失った。しばらくして気がつき、「いまは勇気をふるって行なう時で懈怠《けだい》の時ではない」と自らの心を責めて、秤盤に上ることができた。

その時、帝釈天は本《もと》の形にもどって、「いま汝は、及び難き行為をして、何を求めているのか。転《てん》輪聖王《りんじょうおう》か、帝釈天《たいしゃくてん》か、それとも魔王《まおう》になることを求めているのか。三界《さんがい》の中の何を求めているのか」と言う。王は「私が求めているものは、三界の楽しみではない。このような行為によって仏道を求めているのです」と答える。帝釈天はさらに「このように骨髄《こつずい》に徹《てっ》するまでに身を破って、悔恨《かいこん》の意はあるだろうか」尋ねる。王は答える「なし」と。帝釈天は言う「悔恨なしといっても、身はふるえてとまらないし、言葉も絶えだえである。悔恨なしということをどうやって証するのか」と。王は誓って言う「私には、始めからいままで、毛髪ほども悔恨はない。私が求めている願いは必ず果がある。まことをつくすこと虚《むな》しくはないという、私のこの言葉の通りであるならば、私の身体は本《もと》に返るであろう」と。身体は、すぐに本に返り、前に倍して勝《すぐ》れたものとなった。

シヴィ王とは、今のこの仏の身である。世尊が昔、衆生のために身命《しんみょう》を顧《かえり》みなかったことは、このようであった。

「尸毘王《しびおう》」『賢愚経』巻第一、梵天請法六事品第一（大正蔵4, pp. 351c-352b）

——解説——

ここに抄訳一部意訳した「シヴィ王前生物語」は、『賢愚経』に伝えられるものである。『大智度論』巻第四にもあり、内容は酷似していて、同じ伝承のものと考えられる（大正蔵25, pp. 87c-88c）。パーリ語のジャータカ物語にも「シヴィ王前生物語」があるが、ここでは両眼を布施する物語になっていて、系統を異にしている（*Sivi-jātaka, The Jātaka* No. 499, vol. 4, pp. 401-412; 上村勝彦訳「両眼を布施したシヴィ王前生物語」『ジャータカ全集7』No.499, 春秋社, pp. 112-121）。

(3) 投身飼虎物語《とうしんしこものがたり》（抄訳）

久遠阿僧祇劫《くおんあそうぎこう》に摩訶羅檀那《まからだんな》（Mahāratna）という大国王がいた。その王に三人の王子がいた。第一が摩訶富那寧《まかふなねい》（Mahāpranāda）、第二が摩訶提婆《まかだいば》（Mahādeva）、第三が摩訶薩埵《まかさった》（Mahāsattva）という名であった。この中の一番小さな第三の王子は、慈心あり、すべてを赤子のように憐れんだ。

ある時、三人の王子が林の中で遊んでいると、子を産んだばかりの虎に出あった。その虎は飢えて、子をも食うかのようであった。三番目の王子が、兄たちに、「この虎は何を食べるのでしょう」と聞いた。兄たちは、「もし新たに殺した熱い血のしたたる肉が得られるならそれをよしとするだろう」と答える。弟はまた問う、「いまこの事態をよく見て、この虎の生命を救うことができる人がいるでしょうか」と。兄たちは言う、「それは困難だろう」と。

その時、最年少の王子は、自ら内心に思った、「我は久遠《くおん》の生死《しょうじ》の中において、身《み》を捐《す》つること無数にして、唐《いたず》らに軀命《くみょう》を捨てたり。あるいは貪欲《とんよく》のために、あるいは瞋恚《しんに》のために、あるいは愚癡《ぐち》のためにす。いまだかつて法のためにせず。今、福田《ふくでん》に遭《あ》えり。この身何《いず》くにか在り」と。思いはすでに定《さだ》まった。

年少の王子は、帰る途中で、兄たちに先に行ってもらい、自分だけ虎のところに引き返した。身体を虎の前に投げだしたが、飢えた虎は口を噤《つぐ》んだままで、食べることができなかった。そこで王子は、とがった木をとり身体を刺して血を出し、虎に舐《な》めさせると、虎は口を開いて食べることができた。

要略

兄たちは、戻ってこない王子を心配して、戻ってみると、虎はすでに食べ終っているのを見た。むせび泣きながらようやくにして父母に知らせた。父母が走ってその場所に行くと、骨のみが散らばっていた。その骨を函に納めてそこに塔を建てた。

「摩訶薩埵以身施虎品第二」『賢愚経』巻第一（大正蔵4, pp. 352b-353b）

解説

ここに抄訳一部意訳した「投身飼虎物語」は、『賢愚経』が伝えるものである。法隆寺の玉虫厨子《たまむしのずし》に描かれている「投身飼虎物語」は、『金光明経』によると考えられている（『金光明経』巻第四、捨身品第十七、大正蔵16, pp. 353c-356c）。『金光明経』では、菩薩の遺骨を納めた舎利塔を開いて舎利（遺骨）を見せ、それが最上の福田であると説くことから物語がはじまっている。『賢愚経』の、飢えた虎を前にして「福田に遭えり」と言う物語とは、趣を異にしている。

以上に挙げたものだけでなく、ジャータカ物語全体の概要については、干潟龍祥《ひかたりゅうしょう》『ジャータカ概観』(1981）がある。またよく知られたいくつかのジャータカの翻訳には『仏典I』（世界古典文学全集6、筑摩書房, 1966）がある。パーリ語のジャータカ物語の全訳は、中村元監修『ジャータカ全集』全十巻（春秋社, 1982-1991）がある。

44 燃燈仏授記物語

――解説――
燃燈仏授記物語《ねんとうぶつじゅきものがたり》は、種々の形で伝えられている。その中で最も簡潔で整っているものは、『四分律《しぶんりつ》』に伝えられるものである。物語の取意を記す。

メーガ（弥却《みきゃく》）という名の青年が、雪山《せっせん》の南麓で学問をしていた。先生からすべてを学び終って、師恩に報いようと先生にお伺いした。先生は、五百金銭をほしいと言う。そこでメーガ青年は、それを得ようと国々や村々をめぐり、パドマヴァティーという都城（蓮花城）にきた。そこでは、ヤジュニャダッタ（耶若達）という大臣が、十二年にもわたって神々を祭り、聡明第一の青年が現われたなら、金銀などの種々の供養をして、娘を与えようとしていた。メーガ青年は自分がいかに聡明であるかを示しその場で首席の座を得た。そこでヤジュニャダッタは、種々の供物とともに娘を連れて、メーガ青年に受け取ってくれるように言った。メーガは、そこから五百金銭を取ってたち去っていった。娘もその後についていったが、メーガから自分は修行の身であるから必要としないと言われ、屋敷に帰った。屋敷の池に咲いている蓮の花を見て、これをメーガ青年に差しあげたらどうだろうと、七本の蓮の花を水瓶《すいびょう》に入れて後を追った。

パドマヴァティーの町中では、人びとは、道を掃除したり修復したり、飾りつけをしていた。どうしてなのかそのわけを尋ねると、いま燃燈仏《ねんとうぶつ》（定光仏《じょうこうぶつ》）がこの町にやってくるからだという。メーガ青年は、それを聞いて、自分も燃燈仏を供養しようと思った。そこで、手に入れた五百金銭で、花なり香なりを買おうと求めたが、その町の王が一人占めして供養しようとしているので、どこにも見つからなかった。

そこに後を追ってきた娘が来た。メーガ青年は、訳を話して、娘のもっている花を求めた。娘は、仏を供養するためにこの花を用いてくださいと答えた。そこでメーガは、売ってくれるように娘に言った。娘は、お金は必要ないが、それでも買いたいというのであれば、将来どこに生まれようといつでも私の夫となると誓って欲しいと言う。メーガは、五百金銭で五本の蓮の花を買った。そして娘は、将来どこに生まれようと、あなたと決して離れることがないことを願って、後の二本の蓮の花を、あなたに託して燃燈仏に差しあげたいと言う。メーガ青年は、七本の蓮の花を手にして、喜びでいっぱいになった。

燃燈仏がこちらに向かって来られるのを見たメーガ青年は、歓喜に満たされて、七本の蓮の花を燃燈仏の上に投げ上げた。仏陀は、その威神力で、空中に花の傘をとどまらせ、茎は上に、葉は下に向いて、香りが国を覆いつくし、仏陀が歩まれるところに、花の傘がついて行った。

そして、町の人びとはみな、新しい衣を脱いで地面に敷きつめた。メーガ青年も、着ていた二着の鹿皮の衣の一つを脱いで地面に敷いた。しかし町の人びとは、皮の衣を取って投げ棄ててしまった。その時、燃燈仏は、青年の心を思って、地面を泥に変えてしまったので、そこに衣を敷く人はいなくなった。

そこで、メーガ青年はもう一つの鹿皮の衣を敷いたが、泥をすべて掩《おお》うことができなかった。青年の髪は、五百年の間、頭の上に束ねて結《ゆ》われていた。そこで青年は、束ねていた髪を解いて泥の上に敷き、心中に願を発して言った。「もし今、燃燈仏が、私に、作仏《さぶつ》（仏になること）の授記《じゅき》をしないなら、私は、この場で身体の形が枯れて命終し、ついに起たないだろう」と。

その時、燃燈仏は、この青年のまことの心と、宿世《しゅくせ》に植えた善根と、多くの徳が具わっていることを知って、髪の上を踏んで過ぎて、そして青年に言った。「汝は、また起ちあがるがいい。汝は、当来の無数阿僧祇劫《むしゅあそうぎこう》において、釈迦文如来《しゃかもんにょらい》、至真（阿羅漢）、等正覚、明行足為、善逝、世間解、無上士、調御丈夫、天人師、仏、世尊と号することになる」と。

この記別《きべつ》を聞いて、メーガ青年は空中に踊り上がり、地面から多羅樹《たらじゅ》の七倍も高いのに、髪は地面に敷かれもとのままであった。

その時のヤジュニャダッタとは、今のダンダパーニ（執杖釈種、デーヴァダハに住むヤショダラーあるいはゴーピーの父ともいわれ、また別の伝承では摩耶夫人の父ともいわれる）であった。その時の娘（蘇羅婆提女）は、今の釈尊の夫人となったゴーピー（瞿夷）であった。その時のメーガ青年とは、今の我が身にほかならない。

『四分律』巻第三十一（大正蔵22, pp. 784a-785c）

――解説――

この『四分律』が伝える燃燈仏授記物語では、メーガ青年が燃燈仏に作仏の授記を願うというかたちで、願作仏《がんさぶつ》という誓願が表わされている。この物語は種々に伝わるが、そこに現われる典型的な誓願のいくつかについて記しておく。

願作仏（上求菩提《じょうぐぼだい》）のみが表明されているものには、ここに引いた『四分律』のほかに『増一阿含』などがある。

(1)将来の世において、まさに定光《じょうこう》如来・至真・等正覚のごとくとなって、異なることあることなからしめん。

（『増一阿含経』巻第十一、善知識品第二十（三）、大正蔵2, p. 599b）

(2)この誓願を発す「我れ将来の世において仏と作り、まさに燈光仏《とうこうぶつ》のごとくなるべし」と。

（『増一阿含経』巻第三十八、馬血天子問八政品第四十三（二）、大正蔵2, p. 758b）

『マハーヴァストゥ』（『大事』）には、願作仏のみのものと、同時に度衆生（下化衆生《げけしゅじょう》）を含むものとがある。

(3)いまのこの世尊ディーパンカラのように、私もまた、未来世において、如来、阿羅漢、正覚者、明行足、善逝、世間解、無上士、調御丈夫、天人師となろう。

⑷いまのこの世尊ディーパンカラのように、そのように私は、渡り終わって渡らせ、解脱して解脱させ、安らぎをえて安らぎを与えよう。

(*Mahāvastu*, Tome I, p. 238; 平岡聡訳『ブッダの大いなる物語』上、p. 155)

(*Mahāvastu*, Tome I, p. 239; 平岡聡訳『ブッダの大いなる物語』上、p. 155)

種々に伝わる燃燈仏授記物語の概要については、田賀龍彦「燃燈仏授記について」(『金倉博士古稀記念・印度学仏教学論集』1966所収;田賀龍彦『授記思想の源流と展開』1974所収)がある。

45 如是我聞

——解説——

龍樹の『大智度論』は、『摩訶般若波羅蜜経』の注釈である。経言を引いて、逐一の注釈説明が与えられている。経典の冒頭には「如是我聞」とある。その「如是」を解して「信」を表わしているとする。

問うて曰《いわ》く。諸仏《しょぶつ》の経《きょう》は何をもっての故に、初めに如是《にょぜ》の語を称《とな》うるや。

答えて曰《いわ》く。仏法《ぶっぽう》の大海《たいかい》は、信《しん》をもって能入《のうにゅう》となし、智《ち》をもって能度《のうど》となす。如是とはすなわちこれ信なり。もし人、心に信ありて清浄《しょうじょう》ならば、この人はよく仏法に入《い》る。もし信無ければ、この人は仏法に入《い》ること能《あた》わず。不信の者は、このこと如是ならず（そうではない）と言う、これ不信の相なり。信ずる者は、このこと如是（そのとおりです）と言う。

『大智度論』巻第一（大正蔵25, p. 62c7-63a5）

――解説――

ここにある「信をもって能入となし、智をもって能度となす」の語句は、阿含経の経言にもとづいている。それは次のようである。

183. いかにして暴流《ぼる》を渡り、いかにして海を渡るのか。いかにして苦しみを超え、いかにして清浄となるのか。

184. 信仰によって暴流を渡り、不放逸《ふほういつ》によって海を渡る。勇気（精進《しょうじん》）によって苦しみを超え、智慧によって清浄となる。

『スッタ・ニパータ』「1・10アーラヴァカ」183-184（*Suttanipāta* 1.10 *Āḷavaka* 183-184, pp. 32-33 = *Saṃyutta Nikāya* 10.12 *Āḷavaka*, vol. 1, p. 214)。邦訳には、中村元訳『ブッダのことば』（岩波文庫 p. 44)、中村元訳『ブッダ　悪魔との対話―サンユッタ・ニカーヤII―』（岩波文庫 pp. 243-244）などがある。

ブッダゴーサによる『スッタ・ニパータ』の注釈を引いておく。

四種の暴流《ぼる》（欲、有、見、無明）を渡るものはみな、流転の海をも渡り、輪回の苦をも越え、煩悩の汚れをも清浄にする。

しかしこのようであっても、暴流を越え渡るということを信じない不信のものは、勇み進まず、五つの欲望の対象に心を譲り渡して放逸《ほういつ》であり、それに執着し固執するので、流転の海を渡ることなく、怠けて苦に住まり、不善法に覆われ、智なく、清浄な道を知らないので清浄にならない。

Paramatthajotikā, vol. 1, pp. 233-234. 邦訳には、村上真完・及川真介『仏のことば註（二）――パラマッタ・ジョーティカー――』（春秋社 1986, pp. 113-114）がある。

46　キサーゴータミーの出家

いま最後の境涯において、私は商人の家に生まれたが、貧しく財はなく豊かではなかった。そして、財のある家に嫁いで行った。夫を除いて、他の者たちは、私を貧乏だと嫌った。私が子を産んでからは、みんなに大事にされた。

その子は、柔らかで、幸運で、軟らかな身体をして、幸せで、私には愛しい生きもののようであった、そんな時に、死王のヤマの支配下に行ってしまった。悲しみにうちひしがれ、か細い声で、涙にあふれた眼で、泣き顔をして、死体をかかえて、私は、嘆きながら歩きまわった。

そのとき、ある人に教えられて、最上の医者（仏陀）に近づいて、「どうかこの子を生き返らせる薬をください」と私は言った。「死者を出したことがない家に行って、そこで白カラシの種（siddhatthaka, white mustard）をもらってきなさい」と、調御の方法に精通した勝利者は言った。

そこでサーヴァッティの町に入ったが、そのような家を私は見つけることができなかった。「いったいどこに、そんな白カラシの種があるのだろうか」。そこで私は気がついた（tato laddhā satiṃ ahaṃ）。死体を捨てて、私は、世間の導師のところに行った。

甘い声をした方は、遠くから私を見て、言った。

生滅を見ずに百年生きるよりも、生滅を見て一日生きるほうがすぐれている。（『ダンマパダ』113）

この無常性という法は、一つの村や町の法ではなく、また一つの氏族の法でもなく、神々をも含む一切の世間の法である、と。

この詩頌を聞いてすぐに、私は、法眼《ほうげん》を浄らかにすることができた。それから、正法を理解して、私は、家なきものとして歩みはじめた（出家した）。そのようにして出家した私は、勝利者の教えに専念し、久しからずして、阿羅漢果《あらかんか》を得た。

（*Apadāna*, vol.2, pp.564-567, 22. *Kisāgotamī-therī-apadānaṃ.* 南伝大蔵経第二十七巻、小部経典五、譬喩経二 pp.438-443）

――解説――

この物語では、わが子を失って嘆き悲しむキサーゴータミーがどのようにして出家していったのかということが、とても具体的な事例で語られている。一人の人において、出家の心あるいは道を求めて歩み出す心が、どのようにして生ずるものなのかを考えるための大事な物語である。

ここに語られている道を求める心は、まったく個人的な嘆きに端を発しているのであるが、それがそのままに出家する心あるいは求道する心になったのではない。キサーゴータミーにある種の「気づき」が起こって出家していったのだと、私たちは理解しなければならない。これは、阿含経という仏教の文脈が提示する求道心の一つの典型例だということができるであろう。

私たちは、釈尊においての出家の心を考える時に、合わせてこの物語をとりあげてもいいだろう。あるいは、菩薩の心を問題にするときに、その菩薩の心は、阿含経の提示する求道心とどのように関係しているかを考えるためのいい資料ともなるに違いない。教科書『改訂　大乗の仏道』のなかに、このような問題をとりあげる機会を見出すことができなかったので、資料編の最後に「キサーゴータミーの出家」を載せることにした。

また、キサーゴータミーの出家については、よく話題にされながらも、その確かな資料が手に入りにくく、しかもあまりよく研究されていないために資料整理も十分されていない現状である。しかしすべての原資料を紹介して検討するのは、このような資料編にふさわしいと思われないので、最少限必要と考えられるものを提供することにした。

比丘尼キサーゴータミーは、粗衣《そえ》第一と称《たた》えられた仏弟子である。パーリ語の阿含経（Pāli Nikāya）には、比丘尼キサーゴータミーが語ったとされる詩頌が、相応部（Saṃyutta-Nikāya）の経や小部（Khuddaka-Nikāya）の『長老尼偈』（*Therī-gāthā*）に伝えられている。また同じ小部（Khuddaka-Nikāya）の『アパダーナ』（*Apadāna:* 仏陀や仏弟子たちについての前生物語を含む伝承を集めたもの）のなかには、彼女が粗衣第一と称えられることになった理由を彼女の前生の物語のなかに求め、また現在の仏陀のもとで出家するにいたった理由と、阿羅漢になって粗衣第一と称えられることになるまでを伝えている。

この『アパダーナ』が伝えるものが最も簡潔なものであり、おそらく最も古い伝承ということができる。ここには、その『アパダーナ』の伝承の中の、キサーゴータミーの出家にいたるところから阿羅漢になるまでの物語を翻訳して掲載した。

増支部《ぞうしぶ》（Anguttara-Nikāya）の比丘尼品（Etadagga-vagga, bhikkhunīnaṃ）のなかに、「粗衣第一は比丘尼キサーゴータミーである」という句があり、それに対する注釈（*Manorathapūraṇī:* 五世紀ころのブッダゴーサの作）にも、キサーゴータミーの物語が伝えられている。そこでは、先の『アパダーナ』に伝えられるものをもとにして、前生物語をごく簡略にし、出家にいたるところからやや詳しく物語るという形のものとなっている。

キサーゴータミーが、死んだ子どもを脇の腰に抱いて、白カラシの種を求めて歩きまわるという筋は同じであるが、出会った人との会話が挿入されている。また白カラシの種が手に入らず、『アパダーナ』では

「そこで私は気がついた」となっているだけであるが、この注釈ではつぎのようになっている。以下に、白カラシの種が手に入れられないことがわかったところからの翻訳を引くことにする。

〔増支部1・14・5比丘尼品の注〕

「これで十分だ。私は手に入れることができないだろう。十力なる世尊が、私に死者を出したことがある家から白カラシの種をもらわせないのだから」と。

彼女は、このような制約をもちつつ、三軒目の家に行って、思った。「この同じ制約は、町全体にあるに違いない。このことは、利益し憐れみのある仏陀によって、すでに見られていたに違いない」と。彼女は、厭離《おんり》の心を得て（saṃvegaṃ labhitvā）、そこから町の外に出て、死体置き場に息子をもっていき、手で抱いて、「息子よ、私は、この死はお前だけに生じたのだと思っていた。しかしこれはお前だけなのではなく、この法は人々に共通のものなのだ」と言って、息子を死体置き場に捨てて、次のような偈頌を語った。

村の法ではなく、町の法でもなく、またこれは、一氏族の法でもなく、このすべては無常であるというこの法は、神々を含む一切世間の法である。

彼女は、このように言ってから、師の側に行った。そこで彼女に師は言った、「ゴータミーよ、あなたは、白カラシの種を手に入れたか」と。「尊師よ、白カラシの種による行為は遂行《すいこう》されました。確証を私にお与えください」と彼女は言った。そこで彼女に師は、『ダンマパダ』の中のこの偈を語った。

息子や家畜に酔いしれて夢中になっている人を、死はさらっていく。眠っている村を、洪水がさらっていくように。(『ダンマパダ』287)

彼女は、その偈が終ると、そこに立ったままで預流果《よるか》に達して、出家を願いでた。師は、出家を認可した。彼女は、三たび、師のまわりを右に回って礼拝し、比丘尼僧院に行って出家した。そして認可を得て、久しからずして、如理作意《にょりさい》しつつ観察を修養した。

そこで、彼女に、師は、この光明の偈頌を語った。

不死の境地を見ずに百年生きるよりも、不死の境地を見て一日生きるほうがすぐれている。(『ダンマパダ』114)

彼女は、その偈が終ると、阿羅漢の位を得て、必需品を用いるにおいて最高にすぐれた者となり、三つの粗衣からなる衣をまとって歩んだ。やがて、師が、ジェータ林に坐っている時、比丘尼たちを順次にすぐれた地位に立てていき、この比丘尼(キサーゴータミー)を、粗衣をまとう中の第一の地位に置いた。（*Manorathapūraṇī*, vol.1, pp.378-380.）

――解説――

また『長老尼偈』には、比丘尼キサーゴータミーが語ったとされる偈頌が伝えられている。その内容は、婦人であることの苦しみと悲惨が語られているが、キサーゴータミー自身の経験とするならば、先の『アパダーナ』の伝えるものとずいぶん相違している。

『長老尼偈』の注釈（六世紀ころのダンマパーラの作）では、最初に『アパダーナ』の伝える物語にしたがって、ブッダゴーサによる増支部の注釈を、整文しつつではあるが、ほとんどそのまま用いている。ただし、白カラシの種を求めて「二軒目、三軒目の家に行ってから、仏陀の威神力によって狂気が去って、もとの心にかえって思った」と少し言葉を付け加えている。そして「厭離の心を得て、そこから町の外に出て、息子を死体置き場に捨てて、次のような偈頌を語った」となっていて、増支部の注釈中の息子に話しかける部分を削除している。そして阿羅漢果を得た後、仏陀は彼女を粗衣第一の地位に置いたというところまでは同じである。また註釈者ダンマパーラは、キサーゴータミーの経験を語る偈頌を、他の生涯での出来事と解しているようである。そして最後には、『アパダーナ』のキサーゴタミーの物語全文を引用して終っている。（*Therīgāthā-aṭṭhakathā*, pp.169-176. *The commentary on the verses of the Therīs*, translated by William Pruit, 1999, pp.202-232）

キサーゴータミーの物語を伝えるものにもう一つある。それは『ダンマパダ』第114偈に対する注釈の中に伝えられるものである。この注釈は、ブッダゴーサによるものと考えられてきたが、いまは疑われている。

先に紹介した『アパダーナ』、増支部の注釈、小部『長老尼偈』の注釈は、同じ伝承系列の中にあるものと考えていいが、『ダンマパダ』は伝承系列を異にしていて、『アパダーナ』の系列のような前生物語を含んでいない。それは粗衣第一の由来を語ろうとする意図がないということでもある。

したがってこの物語は現在の仏陀釈尊の住まっておられるサーヴァッティの町における出来事から始まっている。キサーゴータミーが出家するにいたるまで、すなわちある商人の家に嫁いで子が生まれるまでに、その商人についての少し奇想な物語が置かれている（家が全焼して、商人が残った炭の上に坐っている。キサーゴータミーがやって来て、炭がすべて金に変わるという話である）。ほとんど意味づけができそうにないのでここでは省くことにしたい。嫁いで、子どもに死なれ、白カラシの種を求め、出家し、やがて阿羅漢果を得ることになる。それを引用する。

〔ダンマパダ114の注〕

やがて、彼女はみごもった。十月が経過して、彼女は息子を生んだ。その子は、歩きだしたころに、死んだ。彼女は、以前に死を見たことがなかったので、その子を火葬にするために運び出そうとしているのを妨げて、「私の息子の薬を私は探します」と言って、死体を脇の腰にかかえて、「あなた方は私の息子の薬をご存知でしょうか」と尋ねながら、家を次々にまわり歩いた。

そこで彼女に、男たちは、「お母さん（婦人への呼びかけ）、あなたは気が狂ったのか、死んだ子どもの薬を求めて歩きまわるなんて」と言った。彼女は「私は必ず私の息子の薬を知っている人を見つけよう」と思って歩きまわった。

その時、彼女を、ある賢明な人が見て、「この私の哀れな娘は、最初の息子を生んで、前に死を見たことがないに違いない。私は彼女の助けになってあげなければならない」と考えて、言った。「お母さんよ、私は薬のことはわからないが、薬を知っている人を私は知っている」と。「誰が知っているのですか、お父さん（年配の男性への呼びかけ）」「お母さん、師が知っている。彼のところに行って尋ねるがいい」と。

彼女は「お父さん、私は行って尋ねます」と言って、師のところに近づき、礼拝して、一方に立ったまま、「尊師よ、あなた様は私の息子の薬を知っているそうですが」と尋ねた。「お母さん、私は知っています」と師は言った。「何を手に入れればいいのでしょうか」と尋ねた。「一つかみの白カラシの種を手に入れるがいい」と師は言った。「尊師よ、手に入れます。では誰の家で手に入れればいいでしょうか」と尋ねた。「息子あるいは娘が、以前に誰も死んでいない、そんな家で手に入れなさい」と師は言った。

彼女は、「尊師よわかりました」と言って、師に礼拝し、死んだ息子を脇の腰にかかえて、村の中に入っていって、最初の家の戸口に立って、「この家に白カラシの種がありますか。それが私の息子の薬になるそうです」と言ってから、「あるよ」と言われて、「ではください」と言った。それを受けとって、白カラシの種が与えられているときに、「母さん、この家で息子あるいは娘が以前に誰か死んでいないですか」と尋ねると、「お母さん、何を言っているのですか。生きているのはわずかで、死んだものはたくさんいるよ」と言われて、「では戻してください。あなた様の白カラシの種は私の息子の薬にはならないのです」と言って返した。

このような制約をもって、始めから、問いつつ歩きまわった。彼女は、一つの家にも白カラシの種を手に入れられず、夕暮れになって思った。「ああ何と罪深い業であったか（aho bhāriyam kammam）。私は、私の息子だけが死んだのだと思っていた。なんと村全体で、生きているものたちより死んだものたちのほうが多いのだ」と。

このように彼女が考えていると、息子への情愛でやわらかかった心は、堅固な状態になった。彼女は、息子を森に捨てて、師のそばに行って礼拝し一方に立った。そこで彼女に師は、「一つかみほどの白カラシの種を手に入れましたか」と言った。「尊師よ、手に入りませんでした。というのは、村全体で、生きているものたちより死んだものたちのほうが多いからです」と答えた。

そこで彼女に師は、「あなたは「私の息子だけが死んだ」と考えていたが、これが衆生たちの変わることのない法なのです。死王は、すべての衆生を、まだ欲望が満たされていなくとも、大洪水がさらっていくように、悪趣の海に投げ込むのです」と言って、法を説示しようと、この偈を語った。

息子や家畜に酔いしれて夢中になっている人を、死はさらっていく。眠っている村を、洪水がさらっていくように。(『ダンマパダ』287)

その偈が終ると、キサーゴータミーは、預流果《よるか》を達成した。他の多くのものたちも預流果などに達した。そこで彼女は、師に、出家を願いでた。師は、比丘尼たちのもとに送って出家させた。彼女は、出家の認可を得て、長老尼キサーゴータミー(Kisāgotamī Therī)として知られることになった。

彼女は、ある日、ウポーサタの堂内で当番になり灯明に明かりをつけて坐った。灯の炎が消えていきまた立ちあがるのを見て、「このようにまたこの衆生たちも生じてすぐにまた消えていく。涅槃に至ったものは生滅することが知られない」と、観察の主題をとらえた。

師は、僧坊ガンダクティーに坐ったままで、光芒を放ち、あたかも彼女の面前に坐っているかのように語った。「ゴータミーよ、まさにその通りです。これらの衆生は、灯の炎のように、生じてすぐにまた滅するのです。涅槃に至ったもののみが生滅することが知られないのです。ちょうど同じように、涅槃を見ないものが百年生きるよりも、涅槃を見たものが刹那《せつな》だけでも生きるほうがすぐれているのです」と。このように言った後で、結論と結びつけて法を示そうと、この偈を語ったのである。

不死の境地を見ないで百年生きるよりも、不死の境地を見て一日生きるほうがすぐれている。

(『ダンマパダ』114)

その偈のなかの「不死の境地」とは、死を離れたものからなる不死の大涅槃という意味である。残りは前とまったく同じである。

教説が終ったとき、キサーゴータミーは、坐ったそのままで、四無礙解《むげげ》をともなって、阿羅漢果を達成した。

（*Dhammapada-aṭṭhakathā*, vol.2, pp.270-278. *Buddhist Legends, Dhammapada Commentary*, translated by Burlingame, 1921, Reprint 1995, Part 2, pp.257-261. 全文を邦訳したものに次のものがある。赤松孝章「キサーゴータミー説話の系譜」『高松大学紀要』34, 2000.）

改訂 大乗《だいじょう》の仏道《ぶつどう》 —仏教概要《ぶっきょうがいよう》— 資料編《しりょうへん》

2019年9月28日　初　版第1刷発行
2024年2月10日　第2版第1刷発行

編　纂　真宗大谷派
教師養成のための教科書編纂委員会

発行者　宗務総長　木越　渉

発行所　東本願寺出版
（真宗大谷派宗務所出版部）

〒600-8505 京都市下京区烏丸通七条上る
電話（075）371-9189（販売）
（075）371-5099（編集）
FAX（075）371-9211

印刷・製本　中村印刷株式会社

ISBN978-4-8341-0608-4 C1015